Globalização, cultura e identidade

SÉRIE TEMAS SOCIAIS CONTEMPORÂNEOS

Ana Paula Comin de Carvalho
Cristian Jobi Salaini
Daniel Ángel Burgueño Etcheverry
Fanny Longa Romero
Laura Cecília López
Marcio Martins dos Santos
Nara Maria Emanuelli Magalhães
Nicole Isabel dos Reis
Tania Rejane Saraiva Schneider

Globalização, cultura e identidade

EDITORA intersaberes

Rua Clara Vendramim, 58 – Mossunguê
CEP 81200-170 – Curitiba – PR – Brasil
Fone: (41) 2106-4170
www.intersaberes.com
editora@editoraintersaberes.com.br

CONSELHO EDITORIAL
Dr. Ivo José Both (presidente)
Dr³. Elena Godoy
Dr. Nelson Luís Dias
Dr. Neri dos Santos
Dr. Ulf Gregor Baranow

EDITOR-CHEFE
Lindsay Azambuja

EDITOR-ASSISTENTE
Ariadne Nunes Wenger

PROJETO GRÁFICO
Raphael Bernadelli

CAPA
Igor Bleggi

1ª edição, 2013.
Foi feito o depósito legal.

Informamos que é de inteira responsabilidade dos autores a emissão de conceitos.

Nenhuma parte desta publicação poderá ser reproduzida por qualquer meio ou forma sem a prévia autorização da Editora InterSaberes.

A violação dos direitos autorais é crime estabelecido na Lei nº 9.610/1998 e punido pelo art. 184 do Código Penal.

Dados Internacionais de Catalogação na Publicação (CIP)
(Câmara Brasileira do Livro, SP, Brasil)

Globalização, cultura e identidade. – Curitiba: InterSaberes, 2013. – (Série Temas Sociais Contemporâneos).

Vários autores.
Bibliografia.
ISBN 978-85-8212-488-8

1. Cultura 2. Globalização 3. Identidade social 4. Política mundial 5. Relações internacionais e cultura I. Título. II.Série.

12-09012   CDD-301.42

Índices para catálogo sistemático:
1. Globalização, cultura e identidade: Antropologia social 301.42
2. Identidade, cultura e globalização: Antropologia social 301.42

Sumário

Apresentação, IX

(1) Cultura, identidade e globalização, 13

    1.1 A cultura está na "boca do povo":
a tensão entre o global e o local, 16

    1.2 Identidade cultural e globalização, 19

    1.3 Como os antropólogos vêm pensando a cultura na ordem globalizada?, 22

(2) Globalização e tradição, 29

    2.1 Tradição, modernidade e globalização, 32

    2.2 As unidades de pertencimento e os níveis de integração, 35

    2.3 A tradição na globalização: o caso da tradição gaúcha, 37

(3) Religião, identidades e globalização, 45

    3.1 As ciências sociais e o fenômeno religioso, 48

    3.2 Globalização e religião, 52

(4) Migração humana e a diversidade dos fenômenos migratórios, 63

    4.1 Migração, mobilidade espacial e social, 66

    4.2 Diversidade dos fenômenos migratórios: redes sociais, transnacionalismo migrante, cidadania flexível e territórios circulatórios, 75

(5) Globalização, mídia e o debate sobre cultura, 83

    5.1 Globalização ou mundialização, 86

    5.2 Cultura e indústria cultural, 89

    5.3 O desenvolvimento dos meios de comunicação, 90

    5.4 Dos frankfurtianos ao sujeito receptor, 92

    5.5 Você tem "cultura"?, 94

    5.6 Comunicação e cultura hoje, 95

(6) Antropologia e consumo, 103

    6.1 Consumo e modernidade, 106

    6.2 Antropologia e consumo, 108

(7) Reflexões sobre as consequências culturais da globalização sob o ponto de vista do patrimônio cultural, 121

    7.1 O fluxo de ideias sobre políticas de preservação do patrimônio cultural, 124

    7.2 As tensões entre o global e o local que perpassam a temática do patrimônio cultural, 129

    7.3 O consumo de bens culturais, 132

(8) Movimentos sociais e transnacionalismo: reflexões sobre o movimento negro e suas demandas por ações afirmativas no Brasil, 137

8.1 Movimentos sociais e transnacionalismo, 141

8.2 Movimentos étnico-raciais na América Latina, 146

8.3 Movimento negro e as políticas de ação afirmativa no Brasil, 151

(9) Narrativas migratórias: estudantes africanos no Brasil, 159

9.1 Antecedentes históricos: Brasil/África, 163

9.2 Estudantes estrangeiros: migrações diferenciadas, 166

9.3 Formação da identidade dentro do processo de intercâmbio cultural da imigração temporária, 168

9.4 Estudantes africanos e identidade de gênero, 171

9.5 Estudantes africanos e questões de corpo e saúde, 173

(10) Multiculturalismo e interculturalidade, 179

10.1 Multiculturalismo, 182

10.2 Sociedades multiculturais, 183

10.3 Tipos de multiculturalismo, 186

10.4 Interculturalidade e hibridização, 188

Referências, 195

Gabarito, 201

Apresentação

O objetivo deste livro é realizar uma introdução à complexa reflexão que envolve a cultura, a globalização e a identidade. Os temas abordados buscam apreender aspectos dessa problemática por meio de uma orientação social antropológica. Com esse intuito, contamos com a colaboração de professores e pesquisadores dedicados a essas questões, sendo eles: Cristian Jobi Salaini (Capítulos 1 e 2) Marcio Martins dos Santos (Capítulo 3), Fanny Longa Romero (Capítulo 4), Nara Magalhães (Capítulo 5), Nicole Isabel dos Reis (Capítulo 6), Ana Paula Comin (Capítulos 7 e 10), Laura Cecilia López (Capítulo 8) e Daniel Etcheverry e Tânia Schneider (Capítulo 9).

Iniciamos esta obra com uma discussão acerca dos conceitos de cultura e identidade, tendo em mente o contexto da globalização. Em seguida, mostramos como as ciências sociais e, de forma mais específica, a antropologia social, vêm pensando a questão da tradição no mundo globalizado. Os dois primeiros capítulos do livro são fundamentais à introdução da noção de dinamismo da cultura e da tradição num mundo cada vez mais conectado pelas tecnologias de transporte e de comunicação. Além disso, eles colocam a tônica do presente trabalho, que gira em torno das tensões existentes entre o "global" e o "local". No terceiro capítulo, seguindo a mesma linha de análise, vemos como a religião interfere e ganha corpo no atual cenário mundial.

O quarto capítulo visa introduzir a complexidade dos fluxos migratórios tendo em vista suas consequências do ponto de vista das identidades sociais dos sujeitos, por meio de uma discussão de cunho conceitual. O quinto e o sexto capítulos nos mostram como podemos pensar o consumo e a mídia como aspectos reelaborados nas vidas sociais dos sujeitos, indo ao encontro de noções que colocariam o consumidor ou telespectador como sujeito passivo de uma estrutura social. Isso nos leva, mais uma vez, a um modelo interpretativo que nega a ideia de que estaríamos, na globalização, sujeitos a um processo de homogeneização cultural.

No sétimo e no oitavo capítulos, veremos como noções relativas ao patrimônio cultural e as ações afirmativas "viajam" pelo mundo, criando um complexo circuito de trocas globais e locais. Muitas das noções produzidas nesse campo produzem um intenso diálogo entre esquemas transnacionais e nacionais. O nono capítulo é reservado à reflexão da migração produzida pela vinda de estudantes africanos ao Brasil, por meio de sistemas de intercâmbio – questão baseada na apreensão de dados construídos por pesquisadores em seus trabalhos de campo. O último capítulo busca incrementar essa discussão pela introdução de conceitos como multiculturalidade, interculturalidade e hibridização.

(1)

Cultura, identidade
e globalização

*Cristian Jobi Salaini é graduado em Ciências
Sociais (2003), mestre e doutor em Antropologia
Social (2006) pela Universidade Federal do Rio
Grande do Sul (UFRGS).*

Cristian Jobi Salaini

O fenômeno da globalização foi pensado por muitos como o fim da produção das diversidades. Esse termo, sempre associado à ideia de MODERNIZAÇÃO – ou, ainda, "americanização" –, trouxe consigo a perspectiva de um mundo que estaria rumando a um processo de homogeneização cultural: as diversidades seriam solapadas por essa nova ordem colocada em escala mundial. Desde o final da Segunda Guerra Mundial e, em especial, após a Queda do Muro de Berlim, um mundo "sem fronteiras" e interligado difundiu o imaginário de uma "aldeia global".

A difusão em velocidade espantosa das novas tecnologias de telecomunicação e transportes apresentaria uma inevitável decadência de formas culturais particulares, normalmente associadas a um "atraso" e ao "não moderno", dando lugar à hegemonia política, econômica e cultural do "mundo ocidental". A globalização, nesse sentido, sempre esteve associada a um modelo econômico responsável pela conexão de diferentes lugares do mundo, criando blocos e "ambientes" favoráveis à expansão do capital.

A questão é que a dinâmica cultural ganhou – e ganha – cada vez mais velocidade no contexto da chamada *globalização*. A diferença e a multiplicação de identidades parecem apenas ter aumentado e, por consequência, criado desafios à interpretação antropológica acerca dos fenômenos culturais contemporâneos. Nesse contexto de "compressão" do espaço e do tempo, devido ao avanço das tecnologias de comunicação e transporte, seria ainda possível falar em CULTURA?

(1.1)
A cultura está na "boca do povo": a tensão entre o global e o local

A cultura está na "boca do povo". Ao contrário do que foi preconizado por muitos estudiosos da globalização (economistas e cientistas políticos, por exemplo), as culturas vêm ganhando local de destaque no cenário mundial. Pelo mundo todo, grupos buscam evidenciar suas diferenças por meio da evocação da noção de CULTURA. Parte-se aqui da premissa de que todos os sujeitos e grupos compartilham de sistemas culturais (mesmo que seja extremamente difícil compor seus exatos limites). Mas o que se pretende evidenciar aqui é a CULTURA não apenas como um modo particular de existência, um sistema simbólico compartilhado. Cultura, no atual sistema global, é também uma maneira de "ampliar" esses sistemas particulares de tradições. Isso quer dizer que a própria palavra – *cultura* – é apropriada por determinados grupos em escala mundial. Segundo o antropólogo Marshall Sahlins (1997), as ameaças dirigidas a formas tradicionais de existência pelas "forças globais" provocam uma reação. Essa reação faz com que elementos de determinada coletividade que "já estavam lá" sejam tomados de uma forma bastante "autoconsciente", tornando as diferenças ainda mais visíveis:

> *Esse tipo de autoconsciência cultural, conjugado à exigência política de um espaço indígena dentro de uma sociedade mais ampla, é um fenômeno mundial característico do fim do século XX. As antigas vítimas do colonialismo e do imperialismo descobriram sua "cultura". Por muito e muito tempo os seres humanos* FALARAM CULTURA SEM FALAR CULTURA – NÃO ERA PRECISO SABÊ-LO, POIS BASTAVA VIVÊ-LA. *E eis que de repente a cultura se tornou um valor objetivado, e também o objeto de uma guerra de vida ou morte. Não se deve atribuir aos antropólogos e assemelhados toda a culpa ou mérito por esse interesse e respeito inéditos pelas culturas nativas. Muitos povos foram antropologizados durante décadas sem que por isso objetivassem e celebrassem sua cultura; e muitos outros vieram a se tornar conscientes de sua cultura sem o auxílio da antropologia. A "cultura" – a palavra mesma ou algum equivalente local – está na* BOCA DO POVO, *sobretudo no contexto das forças nacionais e globais que ameaçam os modos tradicionais de existência do(s) povo(s). E se toda*

determinação é uma negação, é interessante que a negação da cultura – o contraste que a determina – seja tão frequentemente o conjunto de valores econômicos trazidos com o capitalismo. (Sahlins, 1997, p. 127, grifo nosso)

Obviamente, essas culturas locais não se fundam num modelo de isolamento e "pureza" cultural, pois sempre estiveram em contato entre si. O que nos importa aqui é relevar aquilo que autores – como o próprio Sahlins – chamam de *indigenização* da modernidade. Elementos vindos "de fora" dessa força global são apropriados pelas culturas locais. Isso quer dizer que, como nos mostra a citação anterior, a palavra *cultura* é apropriada por grupos que antes apenas viviam seus modos particulares de existência, sem, necessariamente, falar em cultura. Ao apropriarem-se dessa noção, porém, ganham um espaço de legitimidade e reconhecimento em face da sociedade envolvente, ampliando ainda mais as diferenças identitárias.

Assim, os grupos selecionam elementos e aspectos de suas culturas que podem ser mostrados "para fora", não significando que o que está sendo mostrado é uma totalidade cultural. Quando assistimos a uma dança ou ritual indígena, por exemplo, estaríamos frente a uma totalidade cultural de determinado grupo?

Ressalta-se, portanto, essa tensão entre o global e o local. As forças globais não "apagam" culturas. De fato, elas acabam por criar um contexto de "efervescimento" de identidades locais. As culturas nunca foram puras, sempre foram resultado de trocas efetivadas entre os grupos. O que desafia é o entendimento do lugar dessas identidades num mundo cada vez mais conectado.

(1.2)
Identidade cultural e globalização

O que é identidade cultural? Tema caro à antropologia, a identidade ganha em complexidade conceitual e desafia os analistas no contexto da globalização. Num mundo onde as pessoas estão cada vez mais interligadas, seria possível realizar a simples conexão "uma cultura, uma identidade"? A escola antropológica norte-americana, denominada *Cultura e personalidade*, fundamentou-se num modelo interpretativo que conecta, de forma clara, a identidade dos sujeitos a uma cultura definida. Segundo essa linha de pensamento antropológico, pertencer a uma cultura evocaria diretamente uma forma identitária. A cultura ofereceria um universo e uma estrutura que envolvem de forma comum todos os membros de determinada comunidade, conforme elucida o antropólogo brasileiro Renato Ortiz (1996, p. 68):

> Cada cultura representaria, portanto, um "padrão", um todo coerente cujo resultado se realizaria na ação dos homens. Uma autora como Ruth Benedict pode então falar em "caráter" de um povo, por exemplo, os zuni, indígenas do sudoeste americano. Eles se definiriam por sua atitude apolínea, prescrita pelo todo social, cuja tendência seria eliminar os excessos da vida pessoal, política e religiosa, em favor de um comportamento prudente e cauteloso. A moderação torna-se assim sinônimo de identidade zuni. [...] Socializados desde a infância dentro de um determinado contexto, eles interiorizariam, pouco a pouco, os elementos constituintes do núcleo central de sua sociedade.

Ortiz vai problematizar esse viés interpretativo da identidade cultural. A questão é que esse modelo foi transposto, por muitos antropólogos norte-americanos, do estudo de "sociedades primitivas" para a análise do "caráter" de identidades nacionais. Essas sociedades, entendidas como um todo integrado, serviriam de modelo para o entendimento de unidades de pertencimento mais amplas. A extensão lógica desse modelo explicativo derivaria em relações do tipo: "Os brasileiros são de tal forma e os japoneses são de outra" – generalizações identitárias que tomam como referência máxima a unidade nacional (como se não pudéssemos pensá-la também como uma construção historicamente datada). Conforme nos demonstra Ortiz (1996), estamos diante de uma noção essencialista de identidade. Nega-se, portanto, o seu caráter de construto social, tomando a identidade como um dado "natural".

O antropólogo aponta limites dessa noção de identidade, principalmente no que diz respeito ao atual contexto de mudanças globais. Não é possível mais pensar em um único referente para a identidade (o Estado-nação, uma etnia, uma cor etc.). Tomando de empréstimo a noção do antropólogo francês Lévi-Strauss, que aponta a dimensão virtual – indispensável para explicar aspectos da vida sociocultural – da identidade em oposição a uma visão que coloca a identidade como "real", Ortiz nos mostra a identidade como um elemento que se define em relação a outros elementos, daí seu caráter RELACIONAL. Portanto, buscar identidades "autênticas" não faz sentido, contanto que elas sejam válidas em determinado contexto social.

Nesse sentido, ao contrário da versão interpretativa "uma cultura, uma identidade", teríamos a noção de muitos referentes possíveis mediando as identidades dos sujeitos. Assim é que Ortiz nos propõe pensar a globalização em relação àquilo que ele denomina *modernidade-mundo*:

A modernidade requer um desenraizamento mais profundo. No momento em que ela se radicaliza, acelerando as forças de descentramento e individuação, os limites anteriores tornam-se exíguos. A "unidade moral, mental e cultural" é implodida. Se entendermos a globalização não como um processo exterior, alheio à vida nacional, mas como uma expansão da modernidade-mundo, temos elementos novos para refletir. As contradições, inauguradas pela sociedade industrial e que atravessavam os espaços nacionais, ganham agora uma outra dimensão. Elas extravasam para o plano mundial. Nesse contexto, a identidade nacional perde sua posição privilegiada de fonte produtora de sentido. Emergem outros referentes, questionando sua legitimidade. (Ortiz, 1996, p. 83)

Não se trata de desconstituir o papel que os estados nacionais ocupam na vida dos sujeitos, impondo limites e constrangimento às suas ações (sistemas jurídicos e políticos, por exemplo). Trata-se, sobretudo, de não tomá-los *a priori* como fonte analítica de emanação de identidades culturais, assim como não faz sentido pensarmos em uma "cultura global" ou em uma "identidade global". O que há, de fato, são possibilidades de reconhecimentos identitários segundo múltiplos referentes. Assim, mesmo que muitas vezes possamos associar uma cultura a um território (comunidades indígenas, quilombolas, entre outros muitos exemplos), devemos estender nosso modelo conceitual para outras possibilidades que acabam por desterritorializar a cultura, conforme destaca Ortiz (1996, p. 85):

Devemos entender que a modernidade-mundo, ao impulsionar o movimento de desterritorialização para fora das fronteiras nacionais, acelera as condições de mobilidade e "desencaixe". O processo de mundialização da cultura engendra, portanto, novos referentes identitários, como a juventude. Nas sociedades contemporâneas, a conduta de um estrato particular de jovens só pode ser entendida quando situada no horizonte da mundialização – "t-shirt", tênis, calças jeans, ídolos de "rock", "surf", são referências desterritorializadas que fazem parte de um léxico, de uma memória juvenil internacional-popular.

Segundo o exemplo anterior, temos uma "memória juvenil internacional" que serve de apoio e referente identitário. Sem dúvida, esse referente acaba por se opor a um "modelo adulto" de comportamento e ação. O que cabe, na presente análise, é relevar esse aspecto desterritorializado dessa cultura juvenil, que vai além de limites impostos por determinado Estado-nação.

(1.3)
Como os antropólogos vêm pensando a cultura na ordem globalizada?

Como vimos anteriormente, inúmeros grupos buscam, hoje, a valorização pública de suas culturas, e o ambiente de globalização torna-se bastante favorável a esse empreendimento. No movimento por definições, o que ocorre é a busca por estabelecimento de limites para determinada cultura. Expressões como *cultura africana, cultura brasileira, cultura baiana* etc. fazem parte do vocabulário popular e funcionam como demarcadores, elementos que procuram diferenciar alguns grupos sociais de outros.

Porém, quando a "cultura" é entendida como o léxico utilizado pelos antropólogos no entendimento de fenômenos humanos, a questão não é tão simples. Diante das reorganizações políticas e históricas mais recentes ocorridas no mundo, torna-se complicado delinear uma cultura enquanto algo homogêneo. O que parece existir é um MUNDO FRAGMENTADO, que desafia qualquer impulso no sentido da construção de "totalidades culturais".

Segundo o antropólogo norte-americano Clifford Geertz (2001), a queda do Muro de Berlim constituiu-se num importante marco no que diz respeito ao entendimento da cultura. Esse acontecimento reconfigurou, segundo ele, um novo quadro mundial em que se diluíram as macroalianças, o mundo polarizado e as grandes potências. Observamos atualmente a proliferação de uma pluralidade do mundo, marcado por guerras étnicas, movimentos religiosos fundamentalistas, grande circulação de pessoas e povos e separações por motivos linguísticos. Delineando o contexto das mudanças, de acordo com Geertz (2001, p. 217-218):

> *Depois da I Guerra Mundial, com o crescimento do trabalho de campo participativo e de longo prazo com determinados grupos [...], a concepção genérica começou a ser posta de lado, por ser considerada difusa, de difícil manejo e interesseira [...]. Em vez de apenas a cultura como tal, passamos a ter culturas delimitadas, coerentes, coesas e autônomas: organismos sociais, cristais semióticos, micromundos. Entretanto, depois da II Guerra Mundial, quando até os supostos isolamentos sociais [...] tornaram-se menos numerosos, e quando os antropólogos voltaram sua atenção para objetos iridescentes mais vastos e mais misturados, como a Índia, o Japão, o Brasil, a Nigéria, a União Soviética ou os Estados Unidos, a visão configurativista, por sua vez, tornou-se forçada,*

imprecisa, difícil de manejar e pouco digna de crédito. [...] Tudo era variegado, poroso, entrelaçado, disperso, a busca da totalidade era um guia incerto, e o sentimento de uma compreensão definitiva era inatingível.

O grande desafio, na análise cultural, consiste na fuga de dois polos opostos: um que nega qualquer possibilidade de encontrar algum esquema cultural abrangente (um tipo de interpretação pós-moderna) e outro que procura construir narrativas totalizadoras em ampla escala. O autor aponta para as dificuldades de entender a cultura no contexto da atual ordem globalizada – como o simples consenso de elementos básicos como língua, religião, valores, sentimentos. O papel do analista seria o de reconstituir essas partes, buscando encontrar o sentido, alguma "linha mestra" que possa conduzir à compreensão da cultura. Ao mesmo tempo em que a busca pela totalidade cultural não se apresenta mais como objetivo, faz-se necessária a construção de ferramentas que possam dar sentido ao empreendimento da análise dos fenômenos culturais.

O antropólogo norueguês Fredrik Barth (2000) nos dá algumas pistas no que concerne ao entendimento do conceito de cultura. O autor atenta para o forte diálogo existente entre o "novo" e o "tradicional" no mundo globalizado. Ressalta que esse diálogo é firmado por uma lógica de trocas culturais, tratando as culturas como um "conglomerado resultante de acréscimos", e não como uma totalidade cultural, indo ao encontro de Clifford Geertz. Sem dúvida, o foco da análise aqui é a variabilidade cultural e não a totalidade. Mas seria possível encontrar algum padrão de permanência cultural, algo que possa delinear determinada cultura? O autor aponta para a noção de *streams* (correntes) de tradições culturais que persistem no tempo e são reconhecidas consensualmente por determinada coletividade. Não estamos, portanto, diante de um modelo interpretativo que eliminaria qualquer possibilidade de "consenso" cultural. Porém, estamos diante de uma "multiplicidade de padrões parciais", e não de uma totalidade coerente que possa ser interpretada de forma definitiva. A questão-chave é olhar para as descontinuidades e ali procurar algum padrão: O que permaneceu quando tudo mais mudou?

Finalizando, cabe salientar que os grupos nunca são os únicos autores de sua cultura, o que nos leva à conclusão de que todas as culturas são, por definição, híbridas. O intercâmbio cultural ocorrido pelos inúmeros processos de interação nos distancia, mais uma vez, de qualquer possibilidade de entender as culturas de maneira estática e fechada. Esse elemento, porém, não é uma característica oriunda apenas do contexto de globalização. As culturas sempre foram híbridas e sujeitas a trocas e intercâmbios. O que ocorre na globalização é o aumento da velocidade na forma como esses intercâmbios e mudanças ocorrem.

(.)

Ponto final

Vimos neste capítulo que o fenômeno da globalização, pensado por muitos analistas como fenômeno eminentemente de ordem econômica, gera uma série de consequências do ponto de vista da produção e reprodução da diversidade cultural. Ressalta-se que: 1) A cultura pode ser utilizada como uma ferramenta no sentido de valorizar diferenças frente à sociedade envolvente. Nesse sentido, não se trata de olhar apenas para o modo de existência de determinada coletividade, mas de que forma o "local" dialoga com o "global". 2) No contexto atual, noções essencialistas de identidade não nos ajudam a entender a produção da diversidade. Os sujeitos movem-se no mundo por meio de referentes distintos que não obedecem, necessariamente, a unidades integrativas, como o Estado nacional, por exemplo. 3) A nova ordem mundial desafia qualquer interpretação antropológica que procure encontrar a cultura dentro de contextos de fragmentação. A tensão entre mudança e continuidade é um elemento chave da análise.

Indicação cultural

BABEL. Direção: Alejandro González Iñárritu. Produção: Steve Golin, Alejandro Gonzáles Iñárritu e Jon Kilik. México: Paramount Vantage/UIP, 2006. 142 min.

Intrincada e interessante história que conecta pessoas de nacionalidades distintas (EUA, Marrocos e Japão, por exemplo), tratando de como a distância geográfica é relativizada no atual contexto contemporâneo. É um bom filme, que serve como ponto de partida para reflexões acerca do fenômeno da globalização.

Atividades

1. Segundo os temas apresentados neste capítulo, a relação entre globalização e cultura:
   a. promove um processo de "palidez cultural", devido ao crescente mercado transnacional promovido pela globalização.

b. impossibilita pensar exatamente em "cultura" nos tempos de globalização.
c. promove formas criativas de evocação da cultura.
d. faz com que a cultura torne-se apenas um instrumento analítico dos antropólogos sociais.

2. Segundo o antropólogo Renato Ortiz, a identidade cultural:
   a. torna completamente inviável falarmos, hoje, em estados nacionais.
   b. pode dialogar com múltiplos referentes, principalmente se considerarmos o contexto da globalização.
   c. equivale sempre a uma unidade integrativa já constituída, como os estados nacionais, uma federação, uma tribo etc.
   d. nos coloca diante de uma possibilidade de visualização de uma "forma média" de como determinado povo vive e conduz sua vida social.

3. O contexto de fragmentação cultural resultante da globalização dificulta, em certo sentido, a interpretação antropológica acerca dos fenômenos culturais. Isto porque:
   a. essa fragmentação resulta em qualquer impossibilidade de encontrarmos alguma coerência cultural nos sistemas humanos.
   b. no passado as culturas eram uniformes e coerentes. Hoje, ao contrário, estamos diante de um processo de fragmentação cultural sem limites.
   c. no mundo dito globalizado, pode-se dizer, de forma aproximada, que não existem mais unidades de pertencimento culturais.
   d. as mudanças ocorridas no mundo contemporâneo desafiam o analista a encontrar alguma coerência por meio da apreensão das descontinuidades culturais.

(2)

Globalização e tradição

Cristian Jobi Salaini

Neste capítulo, introduziremos uma discussão relativa à tradição e às unidades de pertencimento socioculturais, tendo em vista a complexidade do fenômeno da globalização. Por fim, traremos o exemplo do tradicionalismo gaúcho como caso emblemático de tradição que se reelabora no cenário contemporâneo.

(2.1)
Tradição, modernidade e globalização

Poderia chamar atenção de muitos o fato de que as tradições têm ganhado cada vez mais destaque com relação ao fenômeno conhecido como *globalização*. Longe de entrarem em extinção, as tradições indicam formas de reconhecimento a grupos sociais do mundo todo – os grupos cada vez mais vivem e revivem suas tradições. Pode-se entender esse retorno à tradição como um fenômeno típico da MODERNIDADE (Giddens, 2000). Quando a tradição estava no "meio de todos" e era vivida enquanto "dado natural", não fazia sentido a evocação do termo *tradição*. É quando os movimentos em torno da modernidade ganham velocidade que grupos sociais evocam seus costumes como meio de legitimar suas práticas sociais, políticas e culturais.

Nesse sentido, a "tradição" seria algo relativamente recente, existente há aproximadamente dois séculos. Muitas tradições que conhecemos hoje como pertencentes a um passado remoto seriam, portanto, resultado de processos de construção de legitimidade de unidades sociopolíticas, como os Estados nacionais, por exemplo. O Estado-nação apresenta-se, portanto, como um produto cultural do século XVIII e precisa de elementos que lhe deem suporte para a constituição de uma "comunidade política imaginada" (Anderson, 1989). Esses elementos são encontrados na tradição.

Na conhecida obra *A invenção das tradições*, os historiadores Eric Hobsbawm e Terence Ranger definem tradição como:

[...] um conjunto de práticas, normalmente reguladas por regras tácitas ou abertamente aceitas; tais práticas, de natureza ritual ou simbólica, visam inculcar certos valores e normas de comportamento através da repetição, o que implica, automaticamente, uma continuidade em relação ao passado. Aliás, sempre que possível, tenta-se estabelecer continuidade com um passado histórico apropriado. [...] na medida em que há referência a um passado histórico, as tradições "inventadas" caracterizam-se por estabelecer com ele uma continuidade bastante artificial. Em poucas palavras, elas são reações a situações novas que ou assumem a forma de referência a situações anteriores, ou estabelecem seu próprio passado através da repetição quase obrigatória. (Hobsbawm; Ranger, 1997, p. 9)

Então, segundo esses historiadores, a "invenção de uma tradição" teria o objetivo de inculcar certos valores e promover uma continuidade com um passado distante, promovendo as bases para a legitimação de um determinado regime, por exemplo. Temos aqui uma relação importante entre o velho e o novo, o moderno e o tradicional.

O sociólogo inglês Anthony Giddens aponta, todavia, que não podemos pensar a tradição como resultado único da modernidade. Segundo o autor, as tradições sempre foram, em certa medida, inventadas. Isso nos afastaria de um modelo de pensamento que coloca as tradições de um período anterior como algo "puro" e intocado, em oposição às tradições modernas que, como vimos, podem ser "inventadas", no sentido dado pelos historiadores anteriormente citados. O autor aponta também para o fato de as tradições não terem desaparecido, como queriam muitos pensadores iluministas. O que ocorre, em um mundo cada vez mais global, é um tipo de "casamento" entre a tradição e outras áreas da vida, como a ciência, por exemplo. Não é incomum sujeitos e grupos recorrerem a "terapias tradicionais" e "terapias científicas" de forma simultânea.

Vale ressaltar que essas "invenções" processam um "efeito real" na forma como os grupos sociais se colocam em relação às suas unidades de pertencimento. Dizer que uma tradição foi construída não retira seu "efeito prático" na vida social dos grupos. De fato, elas fornecem um quadro do qual os grupos retiram os elementos para reforçar suas identidades, conforme nos traz a antropóloga brasileira Maria Eunice Maciel (1999, p. 131):

> *O passado, nesse quadro, torna-se uma garantia de veracidade e o fator legitimador, já que é nele que são encontradas as tradições e é ele o manancial onde se buscam os elementos culturais que vão constituir-se em traços identitários. O critério "antiguidade" é confundido com "autenticidade", ou seja, quanto mais remoto, mais legítimo se torna. O passado e os antepassados forneceriam, assim, os elementos constitutivos da identidade do grupo, os quais, ao serem mantidos em sua "pureza" original, são adotados como os verdadeiros autênticos.*

O que importa à presente reflexão é reter a ideia de que as tradições não são imutáveis e permanentes. Elas servem muito mais para resolver problemas do presente do que exemplificar aspectos que teriam "sobrevivido" ao longo do tempo. Ao contrário, elas fornecem quadros de referência a determinados grupos sociais. Nesse sentido, as tradições, no quadro da globalização, não seriam apenas elementos difusos e sem função.

O antropólogo brasileiro Ruben George Oliven (2006) evidencia o fato da atualidade do tema da tradição no contexto da globalização. É exatamente no contexto desse mundo conectado, com fronteiras cada vez mais difusas, que os grupos precisam firmar e reafirmar suas unidades de pertença. Coloca-se aqui a questão do local, já que se faz necessária, para muitos grupos, a referência a determinados signos, símbolos e valores. Segundo Oliven (2006, p. 35):

> Uma das razões pelas quais a problemática da nação e tradição permanece sendo extremamente atual num mundo que tende a se tornar uma "aldeia global" se deve ao fato de as pessoas continuarem a nascer num determinado país e região, a falar sua língua, a adquirir seus costumes, a se identificar com seus símbolos e valores, a torcer por sua seleção nacional de esporte, a respeitar sua bandeira e a serem convocados para defender as fronteiras da pátria e morrer pela honra nacional.

A tradição pode ser a depositária de elementos que promovem a ideia de uma nação, de uma região e de outras unidades de pertencimento.

(2.2)
As unidades de pertencimento e os níveis de integração

O contexto global atual coloca o fato de que os sujeitos podem pertencer a muitas unidades socioculturais ao mesmo tempo. O antropólogo Gustavo Lins Ribeiro (2000a) coloca que as dinâmicas que o capitalismo transnacional exercita trazem um quadro cada vez mais complexo no que diz respeito ao pertencimento de grupos e sujeitos a unidades socioculturais, impondo criações e reafirmações das unidades.

Por meio de sua concepção de "níveis de integração", o autor atenta para uma "fusão heterodoxa de análise regional com uma compreensão fluida das relações entre parte e todo de qualquer sistema organizativo ou classificatório" (Ribeiro, 2000a, p. 96). Lidamos, portanto, com um espectro que transita diferentes níveis: local, regional, nacional, internacional e transnacional. Isso nos leva a entender esses níveis de integração dentro de uma perspectiva que contempla a relação entre homogeneidade e heterogeneidade; os atores sociais estão situados em diferentes níveis integrativos ao mesmo tempo. Conforme o autor, mesmo o Estado-nação, como poderosa instância de regulação e unificação, não é suficiente para anular a produção de unidades de pertencimento social já existentes ou de novas. Ribeiro (2000a, p. 97) observa ainda que:

> *Os níveis de integração têm poderes diferentes sobre a estruturação das capacidades de agentes coletivos e individuais. São, portanto, instâncias fundamentais de formação identitária. Uma pessoa pode ser de Posadas, do nordeste da Argentina, da América Latina ou um argentino transmigrante na cidade de Nova Iorque. As relações entre os diversos níveis de integração não são unilineares, mas marcadas por disjunções e poderes de estruturação circunstanciais e desiguais. Também implicam uma lógica de inclusividade, isto é, quanto mais distantes do nível local, mais abstratas, ambíguas e sujeitas à estereotipificação as categorias se tornam.*

Tem-se que o cenário global promove uma tensão entre as forças que tendem à homogeneização e àquelas que tendem à heterogeneização. Isso quer dizer que, nessa configuração, a própria tradição ocupa lugares cada vez mais complexos, não estando necessariamente confinada a um local, a um território. Unidades de pertencimento como o Estado-nacional persistem, mas cada vez de forma mais inédita e desafiadora, pois precisam dialogar não só com a criação e reafirmação de diferenças internas como também com o cenário transnacional que está colocado. Nesse sentido, pode-se dizer que está cada vez mais difícil localizar os exatos limites das diferentes unidades de pertencimento.

(2.3)
A tradição na globalização: o caso da tradição gaúcha

Neste tópico, será abordada a desterritorialização da tradição que não implica perda, e, sim, multiplicação. Para exemplificar esse fenômeno, pode-se pensar no Centro de Tradições Gaúchas (CTG), que poderia, a princípio, ser considerado uma expressão extremamente local, mas que se expandiu pelo país e pelo mundo. A globalização, por meio da agilidade proporcionada pelos meios de comunicação e de transportes e dos fluxos migratórios, fornece o ambiente favorável à consecução desse fenômeno. Sabe-se da existência de CTGs no Japão, nos Estados Unidos (existe a possibilidade de criação de uma confederação para congregar os tradicionalistas gaúchos nos EUA) e na Europa, segundo Oliven (2006). Uma tradição de feições originariamente locais se expandiu pelo mundo.

Mas como se iniciou essa tradição? Alunos do Colégio Júlio de Castilhos, de Porto Alegre, criaram um departamento de tradições no grêmio da escola em 1947 e, nesse mesmo ano, comemoraram o 20 de setembro, aniversário da Revolução Farroupilha. Uma das primeiras atividades do grupo foi receber as cinzas do herói farroupilha David Canabarro, trazidas para Porto Alegre pela Liga da Defesa Nacional. Esse fato está na base da criação do "35 CTG" (primeiro CTG do estado) e do tradicionalismo gaúcho, apresentando-se enquanto mito de fundação do movimento (Oliven, 2006).

Conforme nos mostra a antropóloga Maria Eunice Maciel, a Revolução Farroupilha é um elemento do passado que é reelaborado pela tradição no sentido da evocação de atos heroicos do passado. Sobre o caráter simbólico da Revolução Farroupilha, a autora aponta que:

> *colocá-la na perspectiva em que a maioria dos historiadores trabalha (um conflito de interesses entre os charqueadores rio-grandenses e as elites no poder do império) significa, para muitos dos participantes, torná-la um acontecimento menor. Nesse caso, trata-se de uma história que se torna significativa ao relacionar o acontecimento mais dramático da história local – uma guerra que durou dez anos – com a imagem do gaúcho enquanto guerreiro valente e heróico que tem na Revolução Farroupilha o pano de fundo para suas façanhas.* (Maciel, 1999, p. 142)

A figura emblemática do gaúcho é representada pelo homem que teve na Revolução Farroupilha o cenário para suas façanhas e heroísmos. Nesse sentido, essa revolução se configura como um modelo para a exaltação dessa figura, ou seja, a referência aos heróis farroupilhas se insere na lógica de construção desse tipo social a ser cultuado (Brum, 2006). É em torno desse episódio que se estabelece simbolicamente a relação do gaúcho com o restante do país (Oliven, 1990).

No Rio Grande do Sul, os atores "oficiais", que trabalham em torno da perpetuação da tradição gaúcha, são os TRADICIONALISTAS (Oliven, 1990). Eles se constituem em um movimento organizado e atento a tudo o que diz respeito aos bens simbólicos do estado, sobre os quais procuram exercer seu controle e orientação. Em meio a eles há intelectuais que produzem escritos e que ocupam posições importantes em lugares estratégicos da sociedade gaúcha. Para eles é de fundamental importância demarcar quais são os "verdadeiros" valores gaúchos. Em decorrência disso, colocam-se como guardiões dessa tradição. Os tradicionalistas, com base em uma interpretação do passado da região, constroem a figura emblemática do gaúcho.

As representações associadas ao gaúcho, construídas pelo Movimento Tradicionalista[a], foram gradativamente adotadas pelo Poder Público, estabelecendo-se como "oficiais" (Maciel, 1999). Em 1954, o governo do Estado criou o Instituto de Tradições e Folclore, vinculado à Secretaria de Educação e Cultura. Vinte anos depois, ele foi transformado na Fundação Instituto Gaúcho de Tradição e Folclore. Durante toda sua existência, esse órgão foi geralmente dirigido por tradicionalistas. Em 1964, uma lei estadual oficializou a Semana Farroupilha. Desde aquele ano, a CHAMA CRIOULA[b] passou a ser recebida com todas as honras no Palácio Piratini, sede do governo estadual, e se tornaram atividades oficiais os desfiles realizados pelos Centros de Tradições Gaúchas e a Brigada Militar no 20 de setembro em várias cidades do Rio Grande do Sul. Em 1966, o hino farroupilha foi elevado à condição de hino do estado.

a. Entre as entidades ligadas ao Movimento Tradicionalista Gaúcho, encontramos 14 que utilizam a palavra *lanceiros* em sua denominação. Esse movimento colocou um marco em homenagem aos "bravos farrapos" à beira da Estrada dos Cerros de Porongos em 1983, num projeto que levou a chama crioula a diversos pontos do estado considerados significativos para os gaúchos. Em 1996, um piquete do município de Pinheiro Machado apresentou, no desfile de 20 de setembro, o tema dos lanceiros negros, causando surpresa e curiosidade no público.

b. A "chama crioula" foi utilizada pelos idealizadores do Movimento Tradicionalista Gaúcho como símbolo para indicar um local de cultivo das tradições gaúchas. Ela representa, ainda hoje, um local específico, onde as atividades relacionadas às celebrações tradicionalistas são realizadas.

No ano de 1980, a erva-mate[c] tornou-se árvore símbolo do Rio Grande do Sul. Em 1989, as PILCHAS (conjunto de vestes típicas atribuídas aos antigos gaúchos – compreendem a bombacha, as botas, o lenço e o chapéu) se tornaram traje de honra e uso preferencial. A nova legislação estadual deixou sua caracterização a cargo do Movimento Tradicionalista Gaúcho (Oliven, 1991). O deputado estadual Giovani Cherini formulou dois projetos de lei que se referem às tradições gaúchas. São eles: o PL n° 50, de 1996, que institui o chimarrão como bebida símbolo do Rio Grande do Sul, e o PL n° 70, de 2003, que institui o churrasco como prato típico do estado. Apesar disso, o Movimento Tradicionalista Gaúcho (MTG) não consegue controlar todas as expressões culturais do Rio Grande do Sul nem disseminar hegemonicamente suas mensagens. Atualmente, existem formas diferentes de ser gaúcho que sequer passam pelo Centro de Tradições Gaúchas. O mercado de bens materiais e simbólicos ampliou-se e novos atores passaram a disputar segmentos dele[d].

Maciel (1999) salienta que os poderes públicos adotaram as representações associadas ao gaúcho[e] geradas

---

c. Sob a denominação científica de *Ilex paraquariensis*, a erva-mate é utilizada no preparo do chimarrão, bebida quente servida numa cuia de porongo e sorvida por intermédio de uma bomba de metal. O hábito de tomar chimarrão é considerado tipicamente gaúcho, embora existam variações dessa prática em países que fazem fronteira com o Rio Grande do Sul.

d. Oliven (2006) analisa essa disputa ao tratar o embate entre tradicionalistas e nativistas nos festivais de música gaúcha.

e. Maciel (1999) mostra que o gaúcho existiu e existe no Uruguai, na Argentina e no sul do Brasil, fruto de um mesmo processo histórico (gado-guerra), mas assume papel e importância histórica diferente em cada país, ou seja, possui um significado distinto em cada local. No caso do Rio Grande do Sul, existe uma necessidade de afirmação enquanto gaúcho, diferente dos habitantes de outros estados brasileiros, e enquanto brasileiro, diferente dos gaúchos platinos (gaúchos do Uruguai e da Argentina).

pelo tradicionalismo, isto é, as tornaram oficiais. No entanto, o gauchismo, enquanto tradição regional, não se limita ao Movimento Tradicionalista, englobando também os seus opositores, os nativistas. A autora demonstra que a palavra *gaúcho*, após um processo de ressemantização, passou a se referir a todos os que nascem no estado. Dessa forma, o gaúcho é o homem da estância ligado às atividades pastoris de ontem e de hoje e a figura emblemática construída com base no homem do campo e que se aplica a todos os naturais do Estado do Rio Grande do Sul. Nesse sentido, ele se constitui, na qualidade de um tipo social, um modelo, estereótipo de um grupo social, além de ser uma referência identitária que serve para afirmar diferenças, estabelecer distinções entre grupos e para o reconhecimento do grupo enquanto tal.

Em relação ao Movimento Tradicionalista, Maciel (1999) destaca que consiste num fenômeno regional em sua origem, hoje difuso em outros estados em virtude das levas de colonizadores rio-grandenses que se dirigiram a essas regiões. Ele implica uma recriação de determinado modo de vida associado aos gaúchos – vida nas estâncias e no passado, um espaço, um tempo idealizado segundo o imaginário local e recriado segundo critérios contemporâneos. Nesse sentido, a cultura tradicionalista se configura a partir da construção e afirmação da identidade gaúcha.

Podemos dizer que essa identidade gaúcha toma como base práticas culturais que são entendidas como tradicionais. O desenvolvimento dessa ideia se dá pela utilização de um passado histórico e de uma origem presumida de costumes e práticas, no qual a Revolução Farroupilha tem papel fundamental na evocação de um tempo glorioso.

A tradição, obviamente, não é "intocada". Aspectos de sua estrutura podem ser postos à prova de releituras. Há, no Rio Grande do Sul, iniciativas em torno da construção de um "Memorial aos Lanceiros Negros", que faz parte do resgate da memória dos negros que lutaram ao lado dos republicanos durante a Revolução Farroupilha. Resgatar esse aspecto da história, dando-lhe um papel de destaque, significa reescrever parte da tradição, incorporando grupos que até então estavam sub-representados pela narrativa embutida nessa tradição.

De qualquer forma, no que cabe ao que anteriormente foi exposto, temos de relevar o importante papel que as tradições ocupam no atual cenário global. Finalizamos com uma citação do livro *A parte e o todo*, de Ruben George Oliven (2006, p. 208-209):

> *Esse processo de mundialização da cultura, que dá a impressão de que vivemos numa aldeia global, acaba repondo a questão da tradição, da nação e da região. À medida que o mundo se torna mais complexo e se internacionaliza, a questão das diferenças se recoloca e há um imenso processo de construção de identidades. Se a unificação nacional ocorrida no passado se mostrou contrária à manutenção de diversidades regionais e culturais, o mundo está em parte assistindo à afirmação das diferenças.*

(.)
Ponto final

Vimos, neste capítulo, a atualidade da tradição no cenário conhecido como *globalização* e também como esta tradição funciona como um "arcabouço" para a construção de identidades e de unidades socioculturais. A tradição, conforme evidenciamos anteriormente, não se coloca em contradição com outros termos, como a própria noção de modernidade ou de ciência. Além disso, relevamos o papel de complexidade que as unidades socioculturais ganham nesse cenário global, sendo, assim, difícil perceber seus exatos limites. Por fim, trouxemos o caso do tradicionalismo gaúcho como exemplo de tradição que se fixou e se reelaborou exatamente em tempos em que se acredita na existência de uma "aldeia global".

Indicação cultural

OLIVEN, Ruben George. *A parte e o todo*. 2. ed. Rio de Janeiro: Nação, 2006.

Obra obrigatória a todos os interessados em aprofundar temas relativos à identidade social e cultura, à questão do global e do local, à nação e à tradição. Utilizando como exemplo a lógica de constituição do Movimento Tradicionalista Gaúcho, o autor reflete sobre questões que transcendem o Rio Grande do Sul – estado que iniciou tal movimento – sob um enfoque antropológico.

Atividades

1. Pode-se dizer que já na modernidade a tradição pode ser entendida como:
   a. um elemento inventado de forma completamente deliberada, com o intuito de criar um tipo de ilusão de continuidade histórica entre os sujeitos.
   b. uma relação dinâmica entre o "novo" e o "antigo", podendo promover a noção de continuidade em determinado grupo ou prática social.

c. algo que se anula, já que é englobada pelas próprias forças modernizadoras.

d. um elemento que produz, em certo sentido, um atraso para o avanço de determinados aspectos da ciência e da tecnologia, por exemplo.

2. A tradição, no mundo globalizado:

a. fornece um "estoque" simbólico aos grupos no sentido da reafirmação e legitimação a determinada unidade de pertencimento.

b. cria uma mimese entre "novo" e "antigo" desembocando, não raramente, em avaliações equivocadas de um passado distante.

c. cria uma completa incomunicabilidade com a ciência, opondo-se a ela.

d. consolida um modelo iniciado pela modernidade, já que antes dela não podemos falar, de forma alguma, em tradição.

3. A tradição:

a. encontra formas complexas de reprodução no mundo globalizado. Nem sempre a fórmula "um local, uma tradição" é válida.

b. só é viável porque se reproduz num espaço específico, ou seja, ela só existe enquanto determinada região ou localidade lhe confere suporte.

c. semanticamente equivale à cultura de um grupo.

d. pode ser entendida como os aspectos que sobreviveram na história de determinada cultura.

(3)

Religião, identidades
e globalização

Marcio Martins dos Santos é graduado em Ciências Sociais (2002) e mestre em Antropologia Social (2005) pela Universidade Federal do Rio Grande do Sul (UFRGS).

Marcio Martins dos Santos

O fenômeno que conhecemos como *globalização* tem como uma de suas principais características o fato de trazer consigo um processo de construção e desconstrução das identidades de indivíduos e grupos. Os limites dos sistemas de crenças aos quais os sujeitos se vinculam são constantemente enfraquecidos e atravessados nesses contextos. É importante destacar que estamos falando aqui de limites simbólicos, ou seja, aqueles construídos socialmente pelos seres humanos vivendo em sociedade, por isso mesmo não necessariamente correspondentes a coisas existentes no mundo físico.

Interessa destacar, para fins de compreensão do que a globalização acarreta para o campo religioso, que são comuns dois tipos de reações a esse fenômeno por parte das sociedades humanas: por um lado, uma maior abertura a uma verdadeira "mestiçagem cultural"; por outro, o recurso a elementos de universos simbólicos que permitam às pessoas continuarem imaginando unida e coerente uma realidade social que se tornou bastante diferenciada e fragmentada (Pace, 1997).

No que se refere às religiões, podemos identificar reflexos nesses dois sentidos. Para facilitar o entendimento, traremos alguns exemplos, os quais serão apresentados com um enfoque sociológico.

(3.1)
As ciências sociais e o fenômeno religioso

Antes de analisarmos mais detidamente as relações entre religião e globalização, é fundamental situarmos, brevemente, parte do quadro conceitual utilizado pelas ciências sociais para compreensão do fenômeno religioso, enfatizando especialmente sua relação com o período histórico que convencionamos chamar de *modernidade*.

Importância do estudo sociológico da religião

O estudo do fenômeno religioso, ou seja, do conjunto de doutrinas, crenças ou formas de pensamento elaboradas pelas diferentes sociedades humanas para compreender e se relacionar com aquilo que considera divino, sobrenatural ou sagrado constitui um dos principais objetos das ciências humanas. No caso específico da Sociologia, a própria formação da disciplina sinaliza esse fato, uma vez que autores hoje tidos como clássicos dedicaram parte de seu trabalho a reflexões sobre a religião.

O sociólogo francês Émile Durkheim (1996) considerava que a religião é uma criação coletiva por excelência, baseada numa divisão do mundo em fenômenos sagrados e profanos. Para que o sagrado possa existir, é necessário que os seres humanos o diferenciem do que é profano e cotidiano. Assim, o sagrado caracteriza-se como algo diferente e excepcional. Ao mesmo tempo, esses mesmos seres humanos, vivendo em sociedade, têm consciência de que há alguma coisa, uma força, que supera a sua individualidade, que é anterior a cada um dos indivíduos e sobrevive a eles. Dessa forma, a religião teria como principal função a criação, o reforço e a manutenção da solidariedade social ou, em outras palavras, da coesão da própria sociedade.

Enquanto Durkheim baseou suas reflexões na análise de sociedades pequenas, o alemão Max Weber (1985), outro autor dos clássicos da sociologia, concentrou sua atenção nas religiões tidas como "mundiais", que atraíram grande número de crentes e afetaram mais explicitamente o curso da história da humanidade. Para ele, as concepções religiosas eram cruciais e originárias das sociedades humanas, uma vez que o ser humano sempre esteve à procura de sentido e significado para sua existência. Weber procura demonstrar que as religiões, ao criarem respostas para esses dilemas, influem de maneira mais íntima nas atitudes práticas dos seres humanos com relação às várias atividades da vida diária. Consequentemente, para este pensador, a religião é uma das fontes causadoras de mudanças sociais. A mais conhecida aplicação dessa formulação teórica está no livro *A ética protestante e o espírito do capitalismo*, no qual Weber demonstra como a visão de mundo e o modo de viver apregoados pelo protestantismo calvinista, difundido na Europa a partir do século XVI, propiciaram uma nova relação com as ideias de riqueza e acumulação, a qual foi fundamental para o desenvolvimento do capitalismo.

Esses exemplos demonstram, portanto, como o estudo das religiões não serve apenas para acumular informações sobre a diversidade de crenças, doutrinas e rituais existentes nas mais diversas sociedades. Muito mais do que isso, o que importa é como as pesquisas feitas por sociólogos e antropólogos que assumem esse enfoque podem contribuir para o entendimento da forma como os seres humanos vivenciam o mundo e agem sobre ele: para tanto, são importantes para o pesquisador, por um lado, a contextualização do papel da religião no interior de determinado agrupamento social, em relação a outras instituições sociais, como a família e a escola, por exemplo; por outro, a comparação entre as diferentes sociedades e grupos sociais, exercício crucial para aprofundar o conhecimento e possibilitar novos questionamentos.

Religião e modernidade

Atualmente, uma das discussões mais importantes e polêmicas diz respeito à importância da religião como fornecedora de orientações para a ação das pessoas. Para compreender essa questão, é importante conhecermos o conceito sociológico de *secularização*, o qual, de acordo com Santos, foi

> *elaborado como no contexto de uma série de análises que pretendiam explicar as transformações inerentes ao advento e consolidação da modernidade, principalmente no chamado*

"mundo ocidental", o termo pretende designar, basicamente, um processo de mudanças acentuadas no papel da religião enquanto instância organizadora da sociedade e fornecedora de orientação para as ações humanas. (Santos, 2005a, p. 18)

O sociólogo Antonio Flávio Pierucci (1998, 2003), analisando a obra de Weber, lembra-nos que esse clássico da sociologia é referência para grande parte daqueles que fazem uso do termo *secularização*, seja para afirmá-lo, seja para contestá-lo. Para compreender o conceito, Pierucci considera que, primeiramente, devemos diferenciá-lo do chamado *desencantamento do mundo*, que é parte de um processo mais amplo de racionalização do Ocidente. Tal desencantamento é um processo que ocorre em sociedades religiosas por excelência, constituindo um longo período de "racionalização religiosa", cujos momentos mais notáveis seriam aqueles em que bruxas, feiticeiros e demais agentes tidos como possuidores de poderes mágicos foram perseguidos, no intuito de estabelecer a hegemonia de certa crença, calcada em princípios "mais racionais" – no caso do Ocidente, estamos falando do cristianismo. Já a secularização propriamente dita seria um processo mais recente e, de certo ângulo, ainda mais radical, uma vez que implicaria um abandono, uma subtração do religioso, cuja influência social seria reduzida de forma bastante acentuada. Nesse contexto, a religião perde parte de seu valor cultural e é separada do Estado, não sendo mais necessária para fornecer legitimidade a governos, leis e instituições políticas (Pierucci, 1998, 2003).

Por um lado, o avanço da ciência moderna e a consolidação de uma sociedade industrial realmente atestam uma situação na qual a religião passa a atuar em limites mais restritos, enquanto responsável pela organização da vida social. Por outro, é importante destacar que isso não significa, definitivamente, que os aspectos religiosos sejam abandonados pelas pessoas no momento em que tomam decisões e fazem juízos sobre o mundo que as rodeia. Em outras palavras, o fato de a religião não ser mais a principal fornecedora de legitimidade social não significa que tenha deixado de exercer influência, mesmo que isso ocorra de forma concorrente com o saber científico e os arcabouços jurídicos, apenas para ficarmos em dois dos exemplos mais conhecidos. Isso é especialmente importante quando consideramos que sociólogos e antropólogos devem ter em conta que a maneira como o mundo ocidental concebe o funcionamento da sociedade não é a única possível, e sabemos que basta acompanhar com cuidado os noticiários cotidianos para verificarmos como são complexos os conflitos e alianças ainda hoje gerados por questões de ordem religiosa.

(3.2) Globalização e religião

Após este rápido apanhado de conceitos e reflexões teóricas, passaremos a uma análise das diversas modalidades de reações religiosas à globalização. Para tanto, faremos uso de alguns exemplos concretos, capazes de explicitar a complexidade e a relevância dessas questões.

As grandes religiões e a busca por uma "ética universal"

Em primeiro lugar, ao abordar esse ponto, devemos recordar o que foi dito anteriormente: a modernidade, que tem como uma de suas consequências o surgimento dos Estados-nação, ou seja, dos países tais quais os conhecemos contemporaneamente, deslocou a religião para um papel secundário, como fonte de integração social e cultural. Nesse contexto, no momento em que a globalização acarreta uma relativização das fronteiras entre povos e países por meio de um acentuado fluxo de informações, práticas, mercadorias e saberes, as grandes religiões, como o catolicismo, o judaísmo, o protestantismo e o hinduísmo, acabam por encontrar um terreno fértil para redefinir e expandir suas formas de atuar e intervir na realidade social. Isso ocorre pelo simples fato de que, apesar de suas particularidades e especificidades locais, se tratam de instituições que, por sua própria natureza, são verdadeiramente transnacionais.

Aprofundando um pouco mais, verificamos que a crise das identidades nacionais que ocorre no mundo globalizado propicia o fortalecimento de identidades étnicas mais "particulares", mas, ao mesmo tempo, dá espaço para o surgimento de "identidades mundializadas". É aí que a religião, com sua capacidade de agregar pessoas e fortalecer laços sociais, encontra um novo espaço.

Em outro sentido, a própria relação entre as instituições religiosas assumiu formas jamais vistas anteriormente. Vejamos um caso exemplar: nos anos de 1990, uma série de encontros e debates entre filósofos e teólogos de todo o mundo pretendeu refletir sobre a questão da ética[a]. Todavia, a especificidade da discussão, promovida na década de 1990, reside no fato de instituições, como a Organização das Nações Unidas para a Educação, a Ciência e a Cultura (Unesco) e lideranças de diversas denominações religiosas, estarem advogando a necessidade de

---

a. Esclareçamos, aqui, que por *ética* estamos nos referindo a uma conduta ou comportamento ajustado a um conjunto de valores previamente definidos.

uma "ética universal". Isso seria necessário porque a globalização estaria explicitando aos seres humanos o fato de sua "casa" não ser um território específico e fisicamente limitado, mas, sim, o planeta como um todo. Dessa forma, as grandes religiões – que se caracterizam por se pretenderem "universais" ou, em outros termos, válidas para todos os seres humanos – consideraram-se capazes de fornecer as orientações que instituições de menor abrangência não seriam capazes de dar. É interessante assinalar que alguns pensadores propuseram, nesse contexto, uma releitura da noção de ECUMENISMO. Mais do que representar o diálogo entre as várias religiões – sua definição mais conhecida e difundida –, o termo deveria remeter às suas origens gregas: *oikos* significa casa, portanto, esse diálogo teria de fomentar uma difusão do entendimento de que a Terra é a "casa" da qual todos compartilham (Ortiz, 2001). Para tanto, os teólogos esforçaram-se na busca por elementos comuns nas doutrinas das religiões, a fim de mostrar como todas compartilhariam dos mesmos objetivos. No âmbito desses debates, ganhou muita força a ideia de que seria necessária e fundamental a preservação da natureza, pois somente assim esta "pátria-planeta", da qual todos dependem, teria garantida a continuidade de sua existência. Eis aí, portanto, originada por vias aparentemente surpreendentes, uma das fontes do moderno pensamento ecológico, ou seja, do conjunto de ideias e proposições práticas voltadas para a conservação do meio ambiente natural que nos cerca.

Não podemos deixar de sublinhar, contudo, que um olhar sociológico mais atento revela a impossibilidade prática desta "ética universal", pois a globalização não é um fenômeno que ocorre da mesma forma em todos os lugares, sendo incapaz de acarretar a superação de diferenças culturais consideráveis, como podemos frequentemente verificar na atuação dos movimentos fundamentalistas islâmicos, por exemplo. Entretanto, nem por isso deve ser deixada de lado a análise de processos como essas tentativas de um novo diálogo ecumênico, acima relatado. A importância do estudo da relação entre religião e globalização se torna ainda mais acentuada quando nos damos conta de que as reflexões feitas naquele contexto por teólogos, como o brasileiro Leonardo Boff, colaboraram para a formação de algo tão relevante como o atual entendimento sobre o meio ambiente como um patrimônio de toda a humanidade.

Reações tradicionalistas e fundamentalismos

Como vimos, a globalização traz como um de seus "efeitos" uma relativização dos limites identitários, socialmente construídos, que separam indivíduos e grupos. Nesse contexto, alguns segmentos, sentindo-se incomodados com a situação, recorrem a leituras fundamentalistas de suas tradições religiosas, encaradas como uma forma de retornar a um passado tido como melhor. Devemos esclarecer, nesse ponto, que por *fundamentalismos religiosos* estamos nos referindo a movimentos que não são novos, em verdade existindo ao longo de toda a história da humanidade, nas mais diversas religiões. Os fundamentalistas, em geral, defendem leituras mais conservadoras e literais dos textos e doutrinas religiosos, dando aos preceitos de sua crença a condição de verdades absolutas e inquestionáveis. Assim, dificilmente se dispõem ao diálogo religioso, ou seja, ao ecumenismo anteriormente mencionado. Além disso, é comum os fundamentalistas se colocarem em contraposição a certos resultados do processo de secularização pelo qual vem passando o mundo moderno, tais como a separação entre Igreja e Estado.

Contemporaneamente, apesar de existirem movimentos do gênero no âmbito de tradições, como o judaísmo e o cristianismo, é sobre o fundamentalismo islâmico que costumamos obter informações com mais frequência, sobretudo devido à relação entre atos de terrorismo e certos grupos que se apresentam ou são reconhecidos como fundamentalistas. Originalmente, o fundamentalismo islâmico tem como sua principal aspiração a instauração de um Estado islâmico, ou seja, de uma estrutura administrativa regida pela *charia*, que é o conjunto de leis que tem como principal fonte o *Alcorão*, livro sagrado fundamental do islamismo. A partir do começo dos anos de 1980, a instauração de um Estado islâmico no Irã, resultante da revolução liderada pelo líder religioso (*Aiatolá*) Khomeini, deu início a uma série de movimentos que logo despertaram interesse internacional. Bastante significativos são os casos do Afeganistão, da Argélia e do Sudão, além de um importante segmento das lideranças que lutam pela criação de um Estado palestino.

No contexto de um mundo globalizado, no qual o fluxo de pessoas e informações assumiu uma proporção jamais vista, chama a atenção o caráter transnacional assumido por muitos desses movimentos. Assim, tais grupos consideram ser sua obrigação trabalhar pela difusão de sua interpretação do *Alcorão*, combatendo aqueles que, segundo sua ótica, estariam deturpando as escrituras sagradas. Nesse sentido, seria justificado até mesmo o uso da força, quando necessária, para a consecução de tais objetivos. Assim, grande parte dos esforços dos setores fundamentalistas islâmicos foram direcionados contra os governos de sociedades muçulmanas que estariam sendo regidas pela "lei humana", e não pela "lei divina".

Também há um grande esforço contra os países e líderes ocidentais considerados apoiadores daqueles que não seguem o "verdadeiro islamismo". É dessa forma que os ataques realizados contra os Estados Unidos, por exemplo, podem ser compreendidos: os norte-americanos são, possivelmente, os principais apoiadores de regimes aos quais os fundamentalistas se opõem, como a Arábia Saudita, além de serem os maiores aliados do Estado de Israel, tido como ocupante de um território que deveria pertencer ao Islã.

Não deixa de ser algo interessante a ser assinalado o fato de que, ao mesmo tempo em que combatem determinados "alvos" com vistas à instauração de uma organização social "antiga", cuja recuperação seria o objetivo final, esses fundamentalistas fazem uso de diversos recursos tecnológicos modernos para difundir e tentar executar seus projetos. Merecem especial destaque, nesse sentido, os meios de comunicação, como a internet e as transmissões de televisão via satélite. Eis, portanto, mais um exemplo da relação entre tradição e modernidade, característica do mundo globalizado no qual vivemos.

Ressaltemos, finalmente, que a atuação extremada e violenta de certos movimentos fundamentalistas definitivamente não corresponde ao islamismo como um todo. Apenas para ficarmos num exemplo bastante rápido, podemos registrar que, no âmbito do diálogo religioso direcionado para a busca de uma "ética global", mencionado no tópico anterior, alguns teólogos e líderes muçulmanos se fizeram presentes.

Construindo uma religiosidade individual

O último aspecto que abordaremos, relacionado às consequências da globalização sobre a religião, decorre daquilo que o sociólogo italiano Enzo Pace (1997) denominou *libertação religiosa*: trata-se de um afastamento, de uma redução da identificação de certos sujeitos em relação às instituições religiosas às quais originalmente pertenciam. Isso não significa que essas pessoas deixem de professar uma determinada crença, mas, sim, que, quase de forma oposta àquilo que é proposto pelas leituras fundamentalistas, passem a procurar emoções e sentidos fora dos limites das doutrinas de sua igreja de origem.

A fragmentação das identidades e a diluição dos limites simbólicos colocam os sujeitos, sobretudo aqueles pertencentes a setores mais escolarizados e de maior renda, numa situação na qual se veem livres de "controles religiosos", ganhando a possibilidade de formarem sua religiosidade por livre iniciativa.

Em outras palavras, as pessoas sentem-se livres para buscar "fragmentos" em várias tradições religiosas diferentes, criando uma experiência religiosa capaz de satisfazer a seus anseios. Assim, há indivíduos ou grupos capazes de frequentar, alternadamente, procissões católicas, palestras em centros espíritas e rituais umbandistas, sem que isso necessariamente signifique contradição ou incoerência. Mais do que isso, quando percebemos a ênfase que também vem sendo dada por esses sujeitos a elementos aparentemente tão distintos quanto os ensinamentos budistas – a meditação relacionada à ioga e as oferendas aos orixás das religiões afro-brasileiras – constatamos o quanto as distâncias físicas e culturais estão sendo relativizadas. Assim, o mesmo contexto social, econômico e cultural que permite a um brasileiro possuir um aparelho eletrônico projetado no Japão, montado na China e comprado nos Estados Unidos, faz com que esse mesmo indivíduo, por ser "religiosamente liberto", possa construir sua religiosidade com base em doutrinas e rituais oriundos da África, da Europa e/ou da Índia, nem por isso deixando de acrescentar aspectos originais, decorrentes de sua realidade local.

Assim, mesmo que não tenhamos a pretensão de comparar a religião com a economia, podemos constatar que também o "mercado religioso" tornou-se global, abandonando os limites que anteriormente o restringiam. Todavia, esta não é uma condição que corresponda à realidade de todas as pessoas, em todos os locais do mundo: como demonstramos, especificamente, por meio do exemplo dos fundamentalismos, as reações à globalização são diversas, motivo pelo qual nem todos têm diante de si a possibilidade de fazer escolhas no que se refere a questões religiosas.

(.)
Ponto final

Neste capítulo, apresentamos os efeitos da globalização sobre o campo religioso. Inicialmente, ressaltamos a importância dos estudos sociológicos e antropológicos sobre a religião, retomando as reflexões de dois pensadores clássicos da sociologia, o francês Émile Durkheim e o alemão Max Weber. Posteriormente, discutimos a relação entre religião e modernidade, cuja compreensão exige que conheçamos o conceito sociológico de secularização, o qual designa o processo pelo qual as religiões perdem força como fornecedoras de orientações para a organização da sociedade e definição da visão de mundo dos indivíduos que a compõem. Na sequência, fizemos uso de exemplos para identificar com clareza as diferentes reações à globalização apresentadas por indivíduos e grupos, no que tange à religiosidade. Verificamos, assim, que no mundo globalizado é possível verificar a existência de realidades que vão desde tentativas de um diálogo entre instituições religiosas com doutrinas bastante diferentes, mas que buscam objetivos em comum, até a ação de grupos que, pretendendo o retorno de uma situação que entendiam como melhor, defendem suas próprias verdades como as únicas a serem respeitadas e difundidas, tentando impô-las sobre outros povos, mesmo que para isso seja necessário fazer uso da força. Por outro lado, vimos também como alguns indivíduos, de certos segmentos sociais, viram-se em situação de tal "liberação religiosa" que podem construir sua própria religiosidade, optando por ensinamentos, doutrinas e rituais de tradições tão distintas entre si que, num primeiro momento, dificilmente conceberíamos como passíveis de combinação.

Indicação cultural

APENAS um beijo. Direção: Ken Loach. Produção: Rebecca O'Brien. Bélgica/Inglaterra/Alemanha/Itália/Espanha: Castle Hill Production, 2004. 107 min.

Tariq e Sadia, imigrantes paquistaneses que se instalaram em Glasgow, na Escócia, estão em festa. Eles preparam o casamento arranjado do filho Cassim com sua prima Jasmine, segundo a tradição muçulmana. A moça está prestes a chegar à Escócia. Cassim, que é DJ, sonha em montar sua própria casa de festas e tem sua vida mudada completamente quando conhece Roisin, professora de música numa escola católica. Os dois se apaixonam e decidem ficar juntos. No entanto, eles terão de enfrentar a incompreensão, tanto de católicos quanto de muçulmanos, para fazer valer seu amor.

Atividades

1. O conceito de secularização, elaborado pelo sociólogo alemão Max Weber, pretende designar:
   a. o desaparecimento da religião no mundo ocidental; apenas a ciência e a técnica forneceriam elementos para a organização da sociedade.
   b. o processo de mudanças acentuadas no papel da religião como instância organizadora da sociedade e fornecedora de orientação para as ações humanas.
   c. a diluição das fronteiras entre os grupos sociais, característica marcante da modernidade.
   d. o processo histórico que culminou na reforma protestante, no âmbito do qual são importantes as formulações de Lutero e Calvino.

2. Tomando como referência a leitura deste capítulo, assinale a alternativa correta em relação aos efeitos da globalização sobre o campo religioso:
   a. No mundo globalizado, o diálogo religioso é responsável pelo entendimento entre instituições que historicamente se opuseram umas às outras, em todas as partes do mundo.
   b. Os fundamentalistas mais radicais conseguem construir sociedades totalmente desvinculadas dos avanços técnicos do mundo moderno, não dando importância para os meios de comunicação, por exemplo.

c. As reações ao processo de globalização não são uniformes, variando conforme os contextos culturais, sendo possível constatarmos que, enquanto em alguns locais a "liberdade religiosa" atingiu níveis elevados, em outros o próprio Estado defende uma verdade absoluta e inquestionável.

d. Uma característica da religiosidade no mundo globalizado é o fato de os indivíduos terem reduzida sua possibilidade de escolha, sendo a manutenção do vínculo com uma única religião indispensável para a manutenção da identidade social de cada povo, em todo o planeta.

3. Discutindo sobre as consequências da globalização sobre a religião, especialmente no mundo ocidental, o sociólogo italiano Enzo Pace cunhou a expressão *libertação religiosa*. Assinale a alternativa que define corretamente esse conceito:

a. O autor refere-se ao processo de conversão em massa para o pentecostalismo, ocorrido na América Latina a partir das últimas décadas do século XX.

b. Trata-se da ênfase no papel da teologia da libertação, muito difundida em países do terceiro mundo a partir de meados da década de 1970, aproximando a religião e a política de uma forma que se pretendia revolucionária, em vez de conservadora.

c. O autor refere-se aos movimentos cuja interpretação das escrituras sagradas prevê a construção de uma sociedade na qual as leis religiosas estariam acima de todas as outras.

d. Trata-se do afastamento, da redução da identificação de certos sujeitos em relação às instituições religiosas às quais originalmente pertenciam, abrindo margem para combinações e escolhas feitas com base em experiências e anseios individuais.

(**4**)

Migração humana e a diversidade
dos fenômenos migratórios

Fanny Longa Romero é antropóloga (1995) pela Universidad Central de Venezuela (UCV), mestre em Linguística (2002) pela Universidade Federal de Pernambuco (UFPE) e doutora em Antropologia Social pela Universidade Federal do Rio Grande do Sul (PPGAS/UFRGS). Atua nas áreas de migrações, cidadania e direitos humanos.

Fanny Longa Romero

Este capítulo compõe-se de duas partes. A primeira refere-se a uma definição básica da migração e questões conexas que abordam a mobilidade espacial e social humana. Nesse sentido, conceitos relativos à emigração/imigração como aspectos complementares, assim como referências à migração interna e externa e suas categorias respectivas, configuram fenômenos de interesse dessa temática.

A segunda parte aborda noções de redes sociais, transnacionalismo migrante, cidadania flexível e também noção de territórios circulatórios, apenas para sugerir uma reflexão a respeito da diversidade dos fluxos migratórios no mundo contemporâneo. No final do capítulo, sugere-se alargar criticamente as compreensões acerca de categorias e classificações relativas às noções de migrante, estrangeiro e refugiado, no entendimento de que as práticas e experiências vividas dos indivíduos se superpõem às categorias construídas. Nesse sentido, a noção de distintividade cultural, intimamente relacionada à dinâmica da migração humana, parece-nos sugerir um caminho interessante para a compreensão dos diversos fluxos migratórios no mundo contemporâneo.

(4.1)
Migração, mobilidade espacial e social

O estudo da migração humana desperta interesse tanto no âmbito das ciências humanas e sociais quanto na esfera pública e na agenda política internacional do mundo contemporâneo. A migração humana, entendida como um fenômeno amplo e diversificado de mobilidade e deslocamento espacial de pessoas e manejo de fronteiras simbólicas entre regiões, países ou continentes, está vinculada intimamente a processos sócio-históricos dinâmicos que influenciam e caracterizam os fluxos desses deslocamentos e a mobilidade individual ou coletiva dos migrantes.

Nesse sentido, a migração humana se vê relacionada, atualmente, ao crescente processo de globalização econômica e cultural que permeia as atividades, práticas sociais e concepção de mundo das sociedades modernas. Pode-se dizer que as inovações tecnológicas, a rapidez e fluidez na transmissão de informações, transportes e serviços, assim como a ampliação de mercados econômicos internacionais e de empresas multinacionais, têm configurado significativamente a diversidade dos fenômenos migratórios, global e localmente.

Com efeito, as sociedades e, em especial, os grupos culturais, elaboram e redefinem continuamente suas noções de pertencimento identitário, tanto sob uma perspectiva étnica, quanto sob a dimensão nacional vinculada à formação dos Estados-nação. Dessa forma, com relação à migração humana, categorias vinculadas com o conceito de cidadania, a saber, nacionais e não nacionais (migrantes ou estrangeiros), ou aquelas referidas às identidades regionais (nordestinos, gaúchos, cariocas) e étnicas (índios, negros, brancos), entre outras, veem-se permeadas por processos globais, em que o local e o global estão em permanente diálogo e entrecruzamento.

A migração humana, dessa forma, tem-se visto associada a práticas sociais e dinâmicas territoriais complexas. Autores como Sassen (2006) mostram, por exemplo, como as políticas migratórias integram-se às novas demandas do cenário mundial. Segundo essa autora, uma questão relevante consiste em compreender como tais políticas se atrelam não apenas às mudanças econômicas, mas também à multiplicação de "atores" políticos que influenciam os diversos circuitos migratórios.

Nesse cenário, a participação de organizações não governamentais, assim como organizações internacionais como o Banco Mundial (BM), o Fundo Monetário Internacional (FMI), a Organização Internacional do Comércio (OIC), a Organização das Nações Unidas (ONU) e outras de caráter ilegal, como as relativas ao crime organizado internacional, influenciam, segundo Sassen (2006), os circuitos migratórios e as práticas de mobilidade interna e externa dos sujeitos migrantes.

No contexto das migrações, a compreensão da sua dinamicidade e fluidez permite entender que os processos sócio-históricos e as práticas culturais que lhe são associados não são fenômenos lineais nem monolíticos; ao contrário, as idas e vindas das pessoas, a representação do retorno, a crença na permanência num lugar, a nova produção de territórios sociais, assim como a negociação e a reconfiguração de identidades individuais e coletivas formam parte de um campo complexo de conflitos, entrecruzamentos, desdobramentos e multiplicidades (Castles; Daidson, 2000).

De outro lado, noções como redes sociais (Assis, 1999, 2000; Sales, 1999; Fusco, 2002), transnacionalismo (Jardim, 2001, 2006; Portes, 1999, 2001; Hannerz, 2002; Portes; Escobar; Radford, 1996), território circulatório (Tarrius, 2000), cidadania flexível (Ong, 1999) e globalização (Santos, 2001) são alguns dos aportes teóricos que permitem repensar a migração humana como um campo intrincado de descontinuidades e pertencimentos identitários nas experiências migratórias de sujeitos de "carne e osso".

Definição de migração

A mobilidade humana é um dos fenômenos sociais mais diversificados no mundo moderno. Tal mobilidade caracteriza tanto os deslocamentos geográficos e sociais de pessoas dentro de um mesmo país quanto os deslocamentos de pessoas de um país para outro. Dessa forma, ao falarmos de mobilidade humana estamos fazendo referência ao conceito de MIGRAÇÃO. Grosso modo, a migração pode definir-se como o deslocamento de pessoas de um lugar a outro dentro do território nacional e fora do território nacional, com caráter de residência temporal ou permanente.

Os fenômenos migratórios contemporâneos, tal como sugere Portes (2001), não atendem a uma lógica economicista absoluta, quer dizer, à necessidade de mão de obra trabalhadora de regiões ou países periféricos para regiões ou países ricos. Ao contrário, tais fenômenos estão permeados por diversos processos sócio-históricos e pela própria dinâmica das práticas sociais das pessoas que migram dentro ou fora do território nacional. Nesse sentido, a migração humana é entendida aqui como um processo de índole sociocultural que, atrelada à dimensão espacial e temporal, informa as experiências concretas de sujeitos históricos que manejam, negociam e reconfiguram suas identidades individuais e coletivas.

Emigração/imigração: aspectos complementares

Como fenômeno social, a migração é um conceito amplo que abarca dois aspectos complementares, a saber: a emigração e a imigração. Nesse sentido, Sayad (1998) sugere que a migração é um "fato social total", quer dizer, enquanto categoria de análise, a migração se sustenta no próprio "espaço dos deslocamentos" em que os processos de emigrar e imigrar são concebidos como fenômenos entrecruzados e superpostos, vinculados não apenas ao espaço físico, mas também a espaços simbólicos em diversos sentidos.

Com efeito, podemos definir a emigração como o ato de sair de um país, região ou município para estabelecer-se em outro. De outro lado, a imigração faz referência ao ato de entrar e estabelecer-se num país, região ou município diferente. Dessa forma, esses dois aspectos da migração entrecruzam-se continuamente na dinâmica própria dos deslocamentos de pessoas, permeada por fatores econômicos, políticos, demográficos, socioculturais e históricos determinados. Esses fatores, além de caracterizar os deslocamentos humanos, têm influenciado a mobilidade de pessoas que migram por diversas razões, em atenção às conjunturas histórico-sociais.

De fato, as razões que levam as pessoas a emigrar são muito heterogêneas. As causas podem estar relacionadas a fatores de índole econômica e social, com o intuito de melhorar as condições de vida, com projetos de vida individuais ou coletivos não necessariamente atrelados a razões econômicas e a fatores relacionados a guerras civis, perseguições religiosas ou políticas ou violência generalizada, entre outros. Cabe salientar que as causas da emigração podem ajudar não apenas a caracterizar os deslocamentos humanos enquanto mobilidade voluntária ou forçada, mas, principalmente, a compreender as estratégias usadas pelas pessoas categorizadas como migrantes.

As conjunturas históricas das duas grandes guerras mundiais, por exemplo, provocaram massivos fluxos migratórios forçados que levaram muitas pessoas de diferentes nacionalidades europeias a viver em países distintos dos seus territórios de origem. Esses processos incidirão não apenas na modificação do lugar de residência, mas também nos aspectos relativos à identidade social e nacional manejadas pelas pessoas, assim como na reconfiguração das suas vidas e práticas culturais.

De outro lado, a emigração, quando caracterizada pela livre vontade do indivíduo ou do grupo de deixar seu país de origem, está igualmente sujeita aos processos sócio-históricos que permeiam as decisões de migrar e os projetos de vida dos indivíduos.

Tipos de migração

Chamamos de *migração interna* o deslocamento de pessoas dentro de um mesmo país, quer dizer, mudança de região ou de município. De outro lado, a movimentação de pessoas de um país a outro pode ser definida como migração externa ou internacional. Nesse sentido, a migração interna compreende um circuito de deslocamento humano dentro do território nacional, enquanto a migração externa se fundamenta no deslocamento humano extraterritorial, isto é, fora das fronteiras nacionais do país de origem.

Um modelo de migração internacional pode ser representado, por exemplo, pelo deslocamento de pessoas de origem europeia ao Brasil, no início e meados do século XX, a partir do ideal de configuração da nação projetado pelo Estado brasileiro. Nesse sentido, pessoas de nacionalidade italiana, alemã e portuguesa migraram para a Região Sul do país, fundamentalmente para os estados do Rio Grande do Sul, de Santa Catarina e do Paraná (Seyferth, 2001, 2004). Outros fluxos migratórios externos, de origem asiática e latino-americana, também influenciaram, em vários sentidos, a configuração da identidade nacional brasileira. Assim, o Estado de São Paulo, por exemplo, tem um importante contingente populacional de japoneses, estabelecido a partir da primeira geração de migrantes vindos em meados do século XX.

De outro lado, pessoas de origem argentina, uruguaia e paraguaia formam parte de fluxos migratórios chamados *transfronteiriços* devido à sua caracterização em relação à localização espacial, ou seja, seus países limitam-se geograficamente com o Brasil (Patarra; Baeninger, 2004). Dessa forma, uma das categorias identitárias elaboradas para caracterizar os fluxos transfronteiriços de alguns migrantes tem sido a de brasiguaios – uma designação alusiva aos paraguaios que formam parte do circuito migratório fronteiriço na Região Sul do Brasil. Tal caracterização, construída socialmente, vê-se acompanhada de práticas culturais que sugerem entender os brasiguaios como uma identidade situacional e negociada permanentemente, além das fronteiras nacionais do país de origem.

Dentro do território nacional, um exemplo de migração interna é o fluxo populacional de nordestinos, especialmente dos estados do Maranhão, da Bahia e do Pará, para o Estado da Amazônia, na Região Norte do país. A mobilidade desse fluxo tem sido amplamente caracterizada como migração sazonal, quer dizer, pessoas que se deslocam de uma região para outra, numa época específica do ano, para trabalhar temporariamente em atividades rurais, como no período da extração de borracha no Brasil, no final do século XIX. De outro lado, o desenvolvimento industrial influenciou a migração interna de nordestinos para os estados de São Paulo e Rio de Janeiro, assim como o êxodo rural para zonas urbanas em quase todo o espaço sociogeográfico brasileiro (Zaar, 2001).

Categorias da migração interna e externa

Um dos fenômenos mais significativos da mobilidade populacional é o fluxo migratório que se produz dentro do mesmo país. A migração interna é significativamente diversificada não apenas pela sua caracterização espacial, que abrange zonas rurais, urbanas, inter-regionais e intrarregionais, mas principalmente pela sua dimensão sociocultural vinculada às populações que migram e às novas configurações do espaço social. Assim, as categorias que caracterizam a migração interna são:

a. ÊXODO RURAL: caracteriza-se pelo deslocamento espacial de pessoas de áreas rurais para áreas urbanas com o fim de estabelecer residência. De forma geral, o êxodo rural é considerado um tipo de migração interna, já que envolve um processo sócio-histórico de ocupação do espaço urbano por populações rurais. As causas dessa migração estão relacionadas ao desenvolvimento da industrialização, à expansão do mercado de trabalho e à mecanização da agricultura, vinculados à necessidade de melhorar as condições socioeconômicas e, consequentemente, de vida das pessoas.

b. MIGRAÇÃO SAZONAL OU DE TRANSUMÂNCIA: consiste numa migração interna, de caráter temporário, que é influenciada pela estação do ano, quer dizer, em determinados períodos do ano pessoas migram para trabalhar e, geralmente, voltam aos seus lugares de origem em outra época do ano, conforme a estação. Esse tipo de deslocamento interno está relacionado a atividades agrícolas.

c. MIGRAÇÃO REGIONAL: caracteriza-se pela mobilidade espacial de pessoas de uma região para outra, dentro do mesmo território nacional.

Com relação à migração externa ou internacional, as categorias abaixo referidas estão relacionadas com os processos históricos e socioculturais que permeiam esse tipo de mobilidade. Dessa forma, consideramos as seguintes:

a. MIGRAÇÃO ESPONTÂNEA: caracteriza-se pelos deslocamentos humanos realizados de forma voluntária, associados aos projetos de vida individuais ou coletivos dos migrantes. Nessa ampla categoria, podemos salientar as migrações laborais, isto é, de mão de obra, as migrações por estudo ou qualificação profissional e/ou técnica, as migrações reforçadas por redes sociais familiares e de amigos, e as migrações vinculadas a projetos de vida individuais ou coletivos diversificados.

b. MIGRAÇÃO FORÇADA: caracteriza-se pelos deslocamentos humanos influenciados por motivos de guerra, conflitos étnicos e/ou religiosos, desastres naturais ou processos de violência extrema. Nesse sentido, mencionamos as migrações de pessoas que comportam o estatuto jurídico de refugiado e exilado.

Essas classificações podem caracterizar-se como modelos teóricos. A diversidade de experiências migratórias, assim como as práticas de vida e as estratégias de manejo identitárias das pessoas são, em suma, muito mais complexas, englobando novas possibilidades de configuração e redefinição de reconhecimento, distintividade e negociação das suas identidades.

(4.2)
Diversidade dos fenômenos migratórios: redes sociais, transnacionalismo migrante, cidadania flexível e territórios circulatórios

A diversidade dos fenômenos migratórios traz à luz novos aportes teóricos que tentam explicar a dinâmica da mobilidade humana. Nesse sentido, as redes sociais tornaram-se um aporte analítico para explicar as articulações dos fluxos migratórios e das práticas sociais dos migrantes. De fato, as redes sociais nos informam sobre as nuances da "empresa migratória", a saber: os arranjos sobre o lugar de destino, a negociação e circulação de informações sobre empregos, o auxílio provindo de amigos ou parentes na chegada à região ou país.

Certamente, as redes sociais são transpassadas por recortes de gênero, classe e parentesco, entre outros, que indicam a heterogeneidade tanto das análises teóricas quanto das práticas diferenciadas das pessoas que migram (Sales, 1999; Assis, 1999; Trpin, 2004; Fleischer, 2002). Nesse sentido, atendendo à nova lógica da globalização, cada vez mais as práticas migratórias parecem ir na contramão das explicações clássicas que tentam situar a migração como consequência da pobreza ou uma simples estratégia de sobrevivência individual dos migrantes (Portes, 2001).

Nos últimos anos, muito se tem falado sobre a ruptura da ideia de Estado-nação como modelo paradigmático de organização social no mundo moderno. As especulações não ressaltam apenas o colapso dos Estados nacionais e o surgimento de uma nova ordem mundial, mas também a ingerência direta de organizações de grande impacto financeiro e comercial, como as empresas multinacionais e os organismos multilaterais como o BM e o FMI, entre outros (Bauman, 1999).

A questão é que a globalização e o transnacionalismo são os fenômenos norteadores que parecem permear os processos sociais contemporâneos e as práticas associadas a eles. De fato, o transnacionalismo, como processo multidimensional que remete a diversas ordens de apreensão da realidade social (Vertovec, 1999), é uma das expressões das mudanças provocadas pela mundialização cultural e a dinâmica de aspectos relativos à globalização do mercado, da economia financeira e da economia política, no sentido mais amplo dos termos (Castle; Davidson, 2000; Portes; Escobar; Radford, 1996; Santos, 2001).

Desde a perspectiva do transnacionalismo migrante, autores como Portes, Escobar e Radford (Portes; Escobar; Radford, 1996, p. 12) consideram o início dos anos de 1990 como marco temporal, em que foi acunhado o conceito de *transnacionalismo* na antropologia. Para esses autores, o termo foi relacionado "às atividades 'multilocalizadas' (multissituadas) geradas pelos migrantes, mais além das suas fronteiras nacionais".

Nesse sentido, o transnacionalismo migrante, como uma das variantes do transnacionalismo global, passou a ser definido "por atividades regulares mais além das fronteiras nacionais de parte de pessoas nascidas fora do país, como parte das suas vidas quotidianas no estrangeiro" (Portes; Escobar; Radford, 1996, p. 12). De fato, o entrecruzamento dessas práticas dentro de espaços geográficos e sociais diversos constitui um dos aspectos mais relevantes na abordagem dos circuitos migratórios globais e sua relação com cenários locais.

Assim, autores como Portes (1999) comentam que as práticas transnacionais construídas por migrantes latino-americanos de El Salvador e da República Dominicana revelam não apenas como se organizam as clivagens entre noções como modernidade e tradicionalismo, especialmente no exemplo dos índios salvadorenhos, mas também as redefinições identitárias desses sujeitos com base na noção de classe social (Orjuela; Rodríguez, 2006).

Por outro lado, autores como Ong (1999, p. 214) reportam-se à noção de cidadania flexível para fazer referência às práticas sociais de migrantes e refugiados elaboradas no contexto de numa dinâmica que se alarga muito além das fronteiras nacionais ou dos controles normativos do Estado-nação. Para essa autora, a possibilidade de obterem vários passaportes, negócios, bens imóveis e dinheiro no estrangeiro, por exemplo, representa uma nova dimensão na maneira como a experiência concreta dos migrantes se realiza.

A reflexão de Ong resulta interessante na medida em que observa as práticas concretas de migrantes e refugiados, nos termos de uma cidadania flexível não afastada da economia de mercado e dos diversos atores globais como, por exemplo, organizações não governamentais que, em muitos contextos sociais, gerenciam as atividades, demandas sociais e emblemas identitários dos migrantes e refugiados (Ong, 2003).

Dessa forma, no âmbito do transnacionalismo migrante, a experiência vivida, de ruptura e descontinuidade própria de estratégias de vida transnacionais, coloca em questionamento as noções de pertencimento identitário e solidariedade nacional e/ou étnica, relacionados com o paradigma do Estado-nação, mesmo que, apesar disso, seja possível conviver com as ambivalências pertinentes na construção dos nossos espaços identitários (Ong, 1999).

Nesse contexto, consideramos com Hannerz (2002) que tanto a globalização quanto a "transnacionalidade", para usar a expressão desse autor, comportam características muito variadas, que não necessariamente se movem em grande escala. Ao contrário, as experiências transnacionais se realizam cada vez mais em cenários locais ou em "círculos íntimos", como refere esse autor, e na formação de redes sociais mais estreitas.

De outra forma, a experiência individual dos sujeitos que constroem práticas sociais transnacionais indica, tal como sugere Hannerz (2002), que esses indivíduos, ao mesmo tempo em que se envolvem, veem-se afetados diferencialmente pela transnacionalidade. Dessa forma, a reconfiguração de identidades transnacionais adquire contornos difusos, instáveis e dinâmicos, dado o aspecto situacional a que reporta a questão identitária como processo de autonomeação e negociação.

A noção de *territórios circulatórios*, acunhada por Tarrius (2000), refere-se a espaços de socialização de transição, ambíguos e fluidos, em face do deslocamento de pessoas. Essa noção, que sugere a ampliação de território para além da definição de espaço físico, realça as articulações múltiplas na apropriação e construção de espaços físicos e simbólicos permeados pela superposição e negociação de identidades e diferenças culturais.

Certamente, as experiências de vida dos migrantes são heterogêneas e multifacetadas. As trajetórias migratórias, além de estarem inscritas em processos históricos e sociais, são redefinidas e negociadas frequentemente pelas pessoas que circulam, cruzam e constroem espaços sociais, fronteiras internas e externas, tanto na dimensão espacial quanto no plano simbólico. Nesse sentido, sugerimos compreender a dinâmica dos processos migratórios atendendo às diversas formas como as pessoas vivenciam e dão significados a essas experiências; afinal, quais são os sentidos da migração contemporânea?

(.)
Ponto final

O intuito deste capítulo foi o de recuperar algumas noções que consideramos significativas no horizonte da temática da migração humana. Abordamos, na primeira parte deste trabalho, definições que informam sobre a caracterização do nosso estudo. Na segunda parte, o uso de algumas noções teóricas desenvolvidas para compreender a diversidade dos fenômenos migratórios permite-nos aproximar o leitor de um campo de debate que tenta alargar as compreensões da dinâmica dos fluxos migratórios. Dessa forma, noções como redes sociais e cidadania flexível, por exemplo, têm trazido aportes consideráveis para o entendimento das experiências migratórias de pessoas de "carne e osso", não atreladas apenas às políticas seletivas de controle migratório desenvolvidas pelos estados nacionais.

Finalmente, a partir da pertinente proposta de Geertz (1978) a respeito das coisas que, no plano analítico, são "boas para pensar", sugerimos examinar criticamente a compreensão de categorias e classificações sobre as noções de migrante, estrangeiro e refugiado. Sugerimos, ainda, que as categorias usadas para caracterizar pessoas que se movem, transitam ou se deslocam por espaços simbólicos e territórios diversos não se sobrepõem às experiências vividas de inúmeros indivíduos que negociam e reconfiguram suas identidades e espaços sociais.

Assim, a noção de distintividade cultural associada intimamente à dinâmica da migração humana é uma das mais caras quanto à configuração de novos horizontes na experiência migratória contemporânea. Essa questão parece assinalar um produtivo caminho na compreensão dos fluxos migratórios como um espaço social gestionado por incertezas, ambiguidades, remanejos, arranjos, práticas sociais e estratégias individuais e coletivas.

Indicação cultural

FORO SOCIAL MUNDIAL DE LAS MIGRACIONES, 2 jun.2006, Madrid. Disponível em: <http://www.youtube.com/watch?v=k4M2JT4tsSk>. Acesso em: 6 out. 2008.

Sugere-se o documentário virtual do II Fórum Social Mundial das Migrações realizado em Rivas-Vaciamadrid, Espanha, em junho de 2006. Nesse evento, discutiu-se uma importante agenda, relativa à migração humana, que abordou questões como direitos humanos, globalização, migração internacional, cidadania universal, entre outras.

Atividades

1. No contexto das migrações, a compreensão da sua dinamicidade e fluidez permite entender que os processos sócio-históricos e as práticas culturais que lhe são associados não são fenômenos lineares nem monolíticos; ao contrário,

as idas e vindas das pessoas, a representação do retorno, a crença na permanência num lugar, a nova produção de territórios sociais, assim como a negociação e a reconfiguração de identidades individuais e coletivas formam parte de um campo complexo de conflitos, entrecruzamentos, desdobramentos e multiplicidades.

O texto refere-se:

a. ao crescente processo de globalização econômica, que estabelece diferenças entre países pobres e países ricos.

b. ao ressurgimento de conflitos nacionalistas no mundo contemporâneo.

c. à dinâmica flexível que permeia os fenômenos migratórios enquanto processos sócio-históricos.

d. às diferenças geográficas entre regiões, povos e países.

2. O Estado de São Paulo tem um importante contingente populacional de japoneses, estabelecido desde a primeira geração de migrantes, vindos em meados do século XX. De outro lado, pessoas de origem argentina, uruguaia e paraguaia formam parte de fluxos migratórios chamados *transfronteiriços* devido à sua caracterização em relação à localização espacial, ou seja, seus países limitam-se geograficamente com o Brasil. Essa representação do fluxo migratório está vinculada:

a. ao deslocamento espacial de pessoas de áreas rurais para áreas urbanas com o fim de estabelecer residência.

b. às conjunturas históricas das duas grandes guerras mundiais, que provocaram massivos fluxos migratórios forçados.

c. à migração sazonal ou de transumância.

d. à caracterização da migração externa ou internacional que reporta a diversos circuitos migratórios de ordem inter-regional.

3. O transnacionalismo migrante, como uma das variantes do transnacionalismo global, passa a ser definido "por atividades regulares mais além das fronteiras nacionais de parte de pessoas nascidas fora do país, como parte das suas vidas quotidianas no estrangeiro" (Portes; Escobar; Radford, 1996). Nesse sentido, esse conceito faz referência a um processo de:

   a. deslocamento espacial de pessoas dentro do território nacional.

   b. práticas culturais associadas a fenômenos não lineais nem monolíticos associados às idas e vindas das pessoas, à nova produção de territórios, assim como a negociação e a reconfiguração de identidades individuais e coletivas além das fronteiras nacionais.

   c. sair de um país, região ou município para estabelecer-se em outro.

   d. deslocamentos humanos influenciados por motivos de guerra, conflitos étnicos e/ou religiosos, desastres naturais ou processos de violência extrema.

(5)

Globalização, mídia
e o debate sobre cultura

Nara Maria Emanuelli Magalhães é graduada em Ciências Sociais (1988) e mestre em Antropologia Social (1995) pela Universidade Federal do Rio Grande do Sul (UFRGS) e doutora em Antropologia Social (2004) pela Universidade Federal de Santa Catarina (UFSC).

Nara Maria Emanuelli Magalhães

Veremos neste capítulo a forma como os avanços das tecnologias de mídia vem sendo interpretada pelo campo das ciências sociais. O objetivo aqui é caminhar, desde um ponto da disciplina em que os sujeitos são tidos como passivos aos elementos oriundos da mídia, até o ponto em que passam a ser vistos como participantes da reelaboração das mensagens e, portanto, da cultura. A abordagem, aqui, toma como pano de fundo o contexto da globalização.

(5.1)
Globalização ou mundialização

As conexões entre o local e o global, nos últimos anos, conheceram uma aceleração sem precedentes, possibilitadas pelo desenvolvimento da comunicação, das tecnologias da informação e dos transportes. O deslocamento de pessoas e bens pelo mundo, assim como a circulação de informações, alcançou níveis nunca vistos antes. Esse fenômeno tem sido descrito e analisado como um conjunto de processos sociais que estão tornando as relações sociais e os modos de vida mais integrados – os cientistas sociais usam o termo *globalização* para se referir a eles. Segundo os estudiosos do fenômeno, o processo de formação da sociedade global ocorre de modo contraditório, heterogêneo e desigual, levando a transformações até mesmo nos conceitos que buscam explicá-lo[a]. O processo histórico-social de formação da sociedade global é definido tanto pela integração e pela homogeneização quanto por tensões, desigualdades, diferenciações e exclusões. Assim, não basta falar do fenômeno em seus aspectos econômicos. Sem dúvida eles são importantes – afinal as chamadas corporações transnacionais têm um papel relevante no novo cenário, com operações que atravessam fronteiras nacionais, influenciam os processos de produção global e transformam até mesmo a distribuição internacional do trabalho –, mas,

---

a. Autores como Ianni (1996), Santos (1994), Giddens (1996), Hall (1998), entre outros, abordam as transformações das sociedades contemporâneas e as novas categorias elaboradas para entendê-las. Castells (2000) refere-se ao novo fenômeno utilizando a expressão *sociedade em rede*.

ao refletirmos sobre os novos modos de vida que a integração mundial possibilita, a facilidade de deslocamentos e intercâmbios e as novas formas de se relacionar, percebemos que o fenômeno vai muito além do econômico, questionando padrões sociais anteriores.

Com a velocidade com que as informações são produzidas e disseminadas e a possibilidade de comunicação simultânea, até mesmo a forma de as pessoas se relacionarem mudou. Um conceito básico e considerado estruturante da vida em sociedade – o de interação – foi o que mais sofreu transformações. A interação social é um processo que significa influência recíproca; ela envolve comunicação, mas também modificação: depois de interagir com alguém, eu não sou mais a mesma pessoa, pois aprendi algo novo. O outro com quem estabeleci comunicação também se modificou. Por décadas e séculos, esse conceito, entendido desse modo, foi considerado elemento-chave nas relações sociais e, consequentemente, estruturante das instituições e culturas. A interação podia se fazer com base em comunicação não verbal, como uma piscadela, por exemplo (Geertz, 1978); ou pelo uso de um perfume, um aroma, uma pintura, para chamar a atenção de alguém (e muitas das críticas que se faziam às imagens citavam o fato de elas não apresentarem cheiros, aromas, sabores, temperos). Como pensar nessas questões de interação com o uso da internet? Hoje, por meio da rede, as pessoas fazem amizades, namoram, casam, conhecem outros países e costumes. A interação se modificou profundamente; as novas tecnologias da informação e comunicação possibilitam que ela não necessite mais acontecer face a face.

Esse avanço dramático das comunicações implica que o mundo está se tornando mais homogêneo, e as diferenças culturais tendem a desaparecer? Alguns autores, entre eles Ortiz (1994), afirmam que não, e utilizam termos distintos para demarcar essas diferenças: *globalização* seria um termo utilizado para referir-se aos aspectos econômicos das novas formas de integração, e *mundialização* para referir-se aos aspectos culturais, os quais conteriam uma especificidade que impediria a homogeneização. O computador, no início utilizado como ferramenta de trabalho, quando conectado em rede torna-se um meio de comunicação, e conecta-se também às discussões sobre a relação entre comunicação e cultura.

No período de surgimento dos meios de comunicação, na primeira metade do século XX, a pergunta dominante era se as formas veiculadas por meio deles podiam ser consideradas parte da cultura ou se não passavam de modelos estereotipados e distorções dos valores culturais dos diferentes grupos que compõem a sociedade. Essa preocupação permaneceu no debate que acompanhou o desenvolvimento das comunicações na sociedade, em diferentes perspectivas, como veremos a seguir. A importância de entendê-las está em compreender a tecnologia e seus usos como processo e criação humana, e não como algo fora de nossa agência, como sujeitos. Portanto, para entendermos as mudanças nas formas de comunicação no século XXI, no contexto de globalização, é preciso compreender até mesmo os termos utilizados no debate, para situar-nos e descobrir conexões.

(5.2)
Cultura e indústria cultural

É importante situar a origem da expressão *indústria cultural* e o período em que ela é formulada para compreendermos o contexto do debate e compará-lo com as profundas modificações que ocorrem hoje. Afinal, em que contexto podemos falar em indústria cultural? O conceito está superado ou pode nos ajudar a compreender processos culturais do início do século XXI?

Segundo Teixeira Coelho (2003), a indústria cultural é fruto da sociedade industrializada, no período de consolidação de uma economia baseada no consumo de bens. Produtos culturais em série – revistas, jornais, discos, filmes, livros etc. – produzidos para o consumo em massa, são característicos desse tipo de indústria. Mas sua implantação e desenvolvimento não se fazem de modo linear, há uma série de transformações e processos sociais que a tornam possível: em meados do século XV, ocorreu a invenção dos tipos móveis de imprensa, por Gutenberg. Ainda que com essa descoberta fosse possível reproduzir textos de modo mais rápido e em maior quantidade, ainda não havia um grande público de pessoas com acesso à leitura que possibilitasse essa produção.

A dupla revolução, característica do surgimento do capitalismo, só aconteceu mais tarde, no século XVIII: a Revolução Industrial na Inglaterra e a Revolução Francesa. Novas descobertas durante a chamada *era da eletricidade*, no século XIX, com as grandes inovações tecnológicas trazidas pela prensa a vapor e mecânica, bem como a expansão das estradas de ferro, trouxeram marcantes transformações.

Se pensarmos no exemplo dos chamados *romances populares*, essa relação entre estrada de ferro, prensa a vapor e públicos fará mais sentido: imaginemos os trens lotados de pessoas e uma literatura popular pensada para eles como entretenimento durante as viagens. Era a *railway literature* que florescia na Inglaterra nessa época (Ortiz; Borelli; Ramos, 1989, p. 13). Na França, enquanto isso, com um índice de alfabetização da população em torno de 90% em 1890 (em contraste com o período do *ancien régime*, quando o mesmo índice não passava de 30%), as inovações tecnológicas atingiram a esfera da produção cultural, e o romance-folhetim tornou-se a febre do momento em todos os grandes jornais. No início, ele ocupava o rodapé do jornal, junto a outros temas de variedades; depois tomou a forma do romance-folhetim – publicado em pedaços a cada tiragem (Ortiz; Borelli; Ramos, 1989, p. 14). O romance-folhetim é considerado precursor da telenovela, denominada também *folhetim-eletrônico* (Ortiz; Borelli; Ramos, 1989), conforme explicam os estudiosos do assunto, que buscam explicações para o sucesso do "gênero novelesco" também na *soap-opera* americana e na radionovela latino-americana.

(5.3)
O desenvolvimento dos meios de comunicação

O desenvolvimento dos meios de comunicação tem uma periodização bem conhecida: nos EUA da década de 1930, o rádio ganhou impulso e foi utilizado em toda sua potencialidade para narrar histórias seriadas; nos anos de 1940 e 1950, consolidou-se o cinema norte-americano e, nos anos de 1950 e 1960, a televisão. No Brasil, o surgimento desses meios se deu de modo quase simultâneo ao resto do mundo, com a diferença de que, aqui, o controle do Estado se fez muito presente desde o início: o rádio nos anos de 1930 era controlado por Getúlio Vargas, que o utilizava para consolidar e integrar a nação acima das diversidades regionais. Quanto à televisão, em seu início, na década de 1950, as maiores emissoras eram a Tupi e a Excelsior; a Rede Globo só surgiu a partir dos anos de 1960, com o apoio do regime militar, que facilitou um acordo com a empresa americana Time Life, a qual forneceu a tecnologia para o funcionamento em rede.

Só quando o poder de penetração dos meios se expandiu e a produção passou a ser feita em série e consumida por uma "massa" é que se passou a utilizar o termo *cultura de massa*. Mas essa expressão, em geral, vinha acompanhada de uma série de estereótipos e generalizações, relacionadas a divisões entre a cultura de massa e uma outra, considerada superior. Esta teria um âmbito próprio de produção e circulação, fora dos meios, identificada com a cultura erudita, visível em produções de circulação restrita, como a pintura, a música clássica, o teatro, a ópera, bem como certos livros e tipos de filme, enquanto a cultura de massa, em comparação, seria considerada como não cultura ou cultura de menor valor.

Esse debate acompanhou o surgimento e desenvolvimento dos meios de comunicação, e se estendeu desde meados do século XX (anos 1940 e 1950) até os nossos dias. Ainda há linhas de estudo que consideram desse modo os produtos da indústria cultural. Desde o início, o debate se fazia muito ligado à questão das classes sociais: as classes dominantes (ou superiores) teriam acesso à cultura superior ou erudita, enquanto às classes médias e subalternas ou populares estariam disponíveis apenas os produtos da indústria cultural (alienantes, massificantes e homogeneizadores).

(5.4)
Dos frankfurtianos ao sujeito receptor

Ainda nos anos de 1940, essa temática começou a interessar um grupo de filósofos alemães: a conhecida *Escola de Frankfurt*, cuja perspectiva foi considerada tão importante que se manteve como referência de debate no Brasil até meados da década de 1980. Os autores dessa escola trabalhavam com o pressuposto de que determinado sistema de produção de símbolos está ligado a um modo social de produção. No debate teórico desse período, o conceito de ideologia era central. Pensada como indissociável de um conteúdo de falsidade e dissimulação da realidade, levada a efeito pela classe dominante, a concepção de ideologia completava-se com a análise da massificação e homogeneização levada a efeito pelos meios de comunicação, a serviço da mesma classe e dos quais a grande "massa" seria alvo (Magalhães, 2006a).

A expressão *indústria cultural* foi utilizada pela primeira vez em 1947, por Adorno e Horkheimer (1985), na obra *Dialética do esclarecimento*. Os autores consideravam, sobretudo, o aspecto de imposição, e analisavam o modo como os meios de comunicação – aliados a técnicas e lógicas de mercado, próprias do sistema capitalista – formatavam gostos e formas de consumir os produtos. A maioria dos estudos, nesse período que vai dos anos de 1940 aos anos de 1980, centram-se na análise dos meios, de seu poder, de seus efeitos, de suas intenções ocultas.

O cenário começou a mudar na década de 1980, quando proliferaram as críticas aos frankfurtianos e resgatou-se a importância do receptor como sujeito na comunicação, e esta passou a ser vista como um processo complexo e não apenas um esquema linear. A crítica aos frankfurtianos e a todos que temiam o "fim da cultura" ou a irremediável desqualificação realizada pelos *mass media* foi feita por vários autores, especialmente à sua compreensão da cultura como algo imposto e não construído coletivamente, e à sua suposição de que a massificação seria irreversível, lamentando a destruição das formas estéticas puras[b]. Com a incorporação do conceito gramsciano de hegemonia, a discussão avançou. Muitos trabalhos na área de ciências sociais, conforme esclarecido por Portelli (1983), partiam de Gramsci, e abordavam a REELABORAÇÃO possível de um bem cultural produzido massivamente.

Ressaltou-se, então, a ideia de que não deveríamos atentar apenas ao que o produtor (de uma mensagem, de um texto no jornal, de uma novela) pretendia, seus objetivos ou possíveis intenções ocultas. Passou-se a dar importância ao que os receptores (o público, os intérpretes) pensavam sobre aquela produção, ressaltando o processo da comunicação, que se realiza entre sujeitos.

Percebeu-se que não há só um polo pensante na relação de comunicação (como parecia estar implícito no debate anterior), e as pesquisas passaram a buscar outras pistas, considerando que existem espaços para a crítica à mensagem,

---

b. Quanto a essas concepções, refiro-me especialmente a Adorno e Horkheimer. Para uma crítica à Escola de Frankfurt, ver Leal (1993), Ortiz, Borelli e Ramos (1989), entre outros.

mesmo que as relações de poder não sejam equilibradas. Nos estudos de recepção sobre televisão, cinema, literatura e música da área de ciências sociais e comunicação[c], que se desenvolveram a partir dos anos de 1980, a sociedade e a cultura são pensadas de forma dinâmica. As construções coletivas de significados são consideradas estruturantes de diferentes formas de vida, constituindo uma espécie de "filtro" com que o sujeito interpreta as mensagens, de acordo com a cultura do grupo ao qual pertence, com o qual se identifica ou compartilha valores.

(5.5)
Você tem "cultura"?

José Mario Ortiz Ramos (1993) alerta para o fato de que o debate sobre cultura no Brasil esteve muito ligado à questão de classe, e isso se tornou um obstáculo para entender a cultura popular por aqui. No debate sobre comunicação, pensava-se que a cultura dos grupos superiores ou dominantes se impunha sobre a sociedade, e não se reconhecia criatividade ou inventividade nos grupos populares.

Logo após, houve o reconhecimento de que tentar definir o que é uma cultura em termos de hierarquia – por exemplo: entre superior e inferior, entre erudito e popular – nos faz defrontar com falsas questões, pois nos impedem

---

c. Refiro-me às abordagens de Ortiz, Borelli e Ramos (1989); Leal (1986, 1993); Jacks e Escosteguy (2005); Jacks, Piedras e Vilela (2006); entre outros. No campo de estudos de recepção, sobretudo estudos sobre televisão, outras importantes referências são a coletânea organizada por Kaplan (1993) e, na América Latina, a obra de Martín-Barbero (1997).

de enxergar a riqueza de significados construídos por grupos sociais concretos, além de nos induzir erroneamente a considerações como a de que existiria uma "verdadeira" cultura, em oposição a outras consideradas "falsas", reforçando ou criando novas desigualdades.

Teixeira Coelho (2003) já mostrava como esse debate se complica ao tentarmos imaginar uma música clássica (como Beethoven, por exemplo) sendo escutada por um operário no Teatro Municipal ou se pensarmos num sociólogo ou escritor se deliciando com produtos da cultura de massa, como o filme *Jornada nas Estrelas* ou qualquer outro semelhante.

Esses dilemas, presentes no debate sobre comunicação no século XX, são importantes porque, quando nos referimos ao "outro", em geral o consideramos envolvido em processos alienantes de comunicação ou em quadros de "falta de cultura". Mas quando nos voltamos para o uso que nós próprios fazemos das tecnologias, a ideia de falta de cultura parece perder o sentido. Estamos vivendo uma transformação das formas de comunicação, mas também uma transformação nas formas como consideramos as culturas, que se mostram muito mais móveis e criativas do que as pensávamos.

(5.6)
Comunicação e cultura hoje

Em pesquisas realizadas sobre televisão desde o final dos anos 1990, encontram-se concepções muito semelhantes àquelas aqui destacadas sobre as preocupações com a "falta de cultura" da população para compreender a mensagem televisiva de modo crítico e perceber as intenções subjacentes às produções. Os dados de campo são riquíssimos e mostram, entre outras coisas, a entrada gradativa da TV nas casas, mesmo de quem não pretendia ser "cooptado" por ela; e a oposição que os pesquisados constroem entre trabalho, lazer e televisão, considerando o momento de assistir a programas de TV como um momento de não fazer nada, de não atividade, ilegítimo socialmente. Os modos de assistir à TV revelam uma atenção flutuante, mostrando que a TV fica ligada enquanto se faz outras coisas, e que estar em casa pode ser sinônimo de ligar a televisão, mesmo que não se dê atenção exclusiva a ela. As críticas à televisão revelam detalhes sobre toda programação televisiva e a especialização oriunda da grande experiência de vê-la (Magalhães, 2004).

Segundo Magalhães (2006b), a análise das categorias utilizadas (ver, olhar, assistir, ouvir etc.) mostrou que é exatamente a experiência de assistir à TV que contribui para a formulação de uma crítica especializada. As pesquisas demonstram também que não existe interpretação exclusivamente individual sobre o que se assiste na TV, pois, mesmo quando se assiste a ela individualmente, existe uma prática coletiva de avaliar – ver e criticar a TV – em outros momentos diferentes daquele de assisti-la. Percebe-se que a televisão também pode servir como metáfora no tratamento das relações pessoais, falando de personagens que todos conhecem e construindo territórios de moralidade compartilhados, com pessoas próximas e até com quem não se tem muito contato[d].

---

d. Merece destaque aqui o debate realizado no Núcleo de Antropologia e Cidadania (Naci), desde 2006, sobre a televisão como metáfora para as relações sociais e os usos da interpretação televisiva em formas de integração e sociabilidade. Pilar Uriarte e Daniel Etcheverry referem-se à importância de estudar a televisão no contexto das migrações, pois sua mensagem pode estar sendo utilizada pelos migrantes como "pistas" da cultura local.

Parece que no início do século XXI ainda se pensa sobre a televisão de modo muito semelhante ao período de seu surgimento, mas suas práticas e usos já se aproximam dos usos de internet, celular, MSN®, que se fazem de modo intenso e invertem o debate. Já não se questiona sobre a importância de compreender a cultura ou as culturas dos grupos para entender as formas de comunicação, mas se afirma que é impossível entender a cultura contemporânea sem considerar as novas formas de comunicação, como destaca uma das pesquisadoras especialistas nesse debate, Nilda Jacks (2008).

Em diferentes contextos de recepção da mensagem televisiva, aparecem instigantes situações, como aquela destacada pela antropóloga brasileira Esther Hamburger (2002), em seu texto *Política e novela*. A autora mostra que o Senador Caxias, personagem ficcional da novela *O rei do gado*, é construído de modo a exaltar os valores éticos na política: é um sujeito honesto e trabalhador incansável, vai a todas as sessões do Congresso, não se corrompe, trata bem os empregados e é um exemplo também na família. Esse personagem foi utilizado na vida pública de vários modos. Um senador da "vida real" na época, Darcy Ribeiro, faz um discurso de homenagem ao Senador Caxias, e o cita numa correspondência dirigida ao próprio presidente da República. Vários jornais de grande circulação, como *Zero Hora, Jornal do Comercio* e *O Estado de São Paulo*, citavam em suas matérias o Senador Caxias como alguém conhecido de todos. Isso demonstra, segundo a autora, que, no Brasil, a ficção atravessa a realidade – sendo a novela tratada como algo de interesse público.

Em outro exemplo, num artigo sobre televisão e tecnologias da informação e comunicação, a pesquisadora Rosa Maria Bueno Fischer (2007) nos convida a imaginar o cotidiano de uma aluna de 12 anos chegando da escola. Em casa, ela vai de imediato para o computador, conversa pelo MSN® com colegas e amigos com quem esteve até pouco tempo em aula, sai a contragosto da tela de bate-papo para tomar banho e jantar, o que fará enquanto acompanha a telenovela e fica de olho no celular para ver se chegou alguma mensagem. Isso não a impedirá de conversar com os familiares enquanto janta, ou de combinar um almoço com a madrinha, ou um trabalho em grupo (envolvendo pesquisa na internet, claro) com colegas.

Esse aluno, que frequenta os bancos escolares hoje, questiona tanto a forma tradicional de ensinar quanto a forma tradicional de pensar a comunicação e a cultura. Não podemos mais supor que os meios de comunicação retiram a interação social, impedem o diálogo ou alienam e massificam a cultura, entendida de modo fixo. Compreender a mídia, num contexto de aceleração dos processos de globalização, significa reconhecer que as sociedades e culturas são dinâmicas, e que os novos modos de os sujeitos se comunicarem estão integrando as novas formas de construção cultural.

Para Caggiano e Magalhães (2008), podemos considerar que as variadas mídias podem ser valiosas portas de acesso ao modo como as pessoas se relacionam e constroem valores no mundo globalizado do século XXI. Pode-se afirmar também que a mídia opera como uma "caixa de ressonância" das múltiplas formas de construção da diferença e da desigualdade social, as quais merecem ser estudadas em sua complexidade. Hoje não se trata de afirmar que estas têm só um caminho – de imposição dos meios sobre a sociedade. Precisamos refletir sobre o modo como se complexificaram as maneiras de legitimar ou deslegitimar padrões sociais, modos de vida, e, por consequência, maneiras de criar ou não estereótipos, que não são exclusividade da mídia.

Como vemos, no contexto da globalização os desafios para entendermos as relações entre sociedade, cultura e mídia são ainda mais complexos.

(.)

Ponto final

Neste capítulo, discutimos as mudanças no debate sobre comunicação e cultura no contexto de globalização. Vimos que no período de surgimento e desenvolvimento dos meios de comunicação de massa, em meados do século XX, a discussão se fazia na mesma perspectiva da Escola de Frankfurt, que teve grande influência no debate mundial e no Brasil. Considerava-se que a "indústria cultural" produzia, por meio da difusão da "cultura de massa", uma massificação e homogeneização cultural, destruindo as formas estéticas próprias de uma cultura considerada superior. Esta teria um âmbito restrito de produção e circulação, fora dos meios, identificada com a cultura erudita, visível em produções como a pintura, a música clássica, o teatro, a ópera, bem como certos livros e tipos de filmes. A cultura de massa, em comparação, era considerada não cultura ou cultura de menor valor. O debate desse período esteve estreitamente ligado às questões de classe social e a concepções de ideologia, entre outras.

A importância de refletirmos sobre a utilização dos vários termos destacados é verificar se eles estão de acordo com as novas formas de comunicação que utilizamos no cotidiano. Essa reflexão pode demonstrar que termos utilizados nos séculos XIX e XX, como *indústria cultural, cultura de massa, massificação* e *homogeneização*, saíram do debate, mas os significados ainda estão presentes. Hoje, as formas de comunicação mudaram, e a interação social pelo uso das tecnologias da informação e comunicação mudou profundamente, trazendo novos questionamentos e complexificando as maneiras de pensar as relações entre comunicação, cultura e sociedade. Não podemos mais supor que os meios de comunicação retiram a interação social, impedem o diálogo ou alienam e massificam a cultura, entendida de modo fixo. Compreender a mídia num contexto de aceleração dos processos de globalização significa reconhecer que as sociedades e culturas são dinâmicas, e que os novos modos de os sujeitos se comunicarem estão integrando as novas formas de construção cultural.

Indicação cultural

BORELLI, Silvia Helena Simões; FREIRE FILHO, João (Org.). *Culturas juvenis no século XXI.* São Paulo: Educ, 2008.

Esse livro aborda o protagonismo dos jovens nas culturas contemporâneas, os novos usos da comunicação e da informação e a criação de novas linguagens e formas de interação. Como sujeitos mais visíveis das novas tecnologias, os jovens são considerados, nesse livro, não apenas como espectadores de mudanças, mas como criadores de marcas singulares em músicas, imagens, sons, indumentárias, computadores, celulares e TVs. Um livro indispensável para entender as transformações atuais da cultura e o papel dos jovens para que elas aconteçam da forma como as estamos percebendo no cenário contemporâneo.

Atividades

1. Segundo Teixeira Coelho, a indústria cultural:
   a. só é possível em sociedades nas quais os sujeitos encontram-se alienados devido às suas inserções no modelo capitalista de produção.
   b. é fruto da sociedade industrializada, no período de consolidação de uma economia baseada no consumo de bens.
   c. foi a responsável pelo desencadeamento do processo de industrialização do século XIX.
   d. contribui, invariavelmente, para o processo de alienação dos sujeitos, ao ficarem expostos ao bombardeamento de símbolos e imagens oriundos dessa indústria.

2. A Escola de Frankfurt (ou os frankfurtianos), conforme observado neste capítulo:
   a. é responsável pela proliferação de meios simbólicos diretamente ligados aos meios de produção, construindo assim a massificação dos meios de comunicação.
   b. realiza uma crítica contundente aos detentores dos meios de produção e utiliza como ponto de partida os meios de comunicação, principalmente a televisão.
   c. promove uma conexão direta entre determinado sistema de produção de símbolos e um modo social de produção. Segundo a perspectiva da escola, a "massa" seria alvo de um acobertamento da realidade social pelos meios de comunicação.
   d. coloca os sujeitos como verdadeiros partícipes da cultura. Mesmo que não sejam construtores da cultura de forma determinante, desempenham um papel fundamental, segundo pensamento dominante dessa escola.

3. Tendo em vista o contexto da globalização e as pesquisas sobre mídia promovidas principalmente a partir da década de 1990, depreende-se da leitura deste capítulo:

a. que, apesar de uma relativa flexibilização espacial e temporal promovida pela globalização, os sujeitos ainda estão confinados ao papel de sujeitos passivos à ação da mídia.

b. que não há como pensarmos, hoje, em um modelo ideal de recepção midiática. Isso porque a mídia não é exatamente um tema das ciências sociais, e, sim, de outras áreas afins.

c. que a globalização promove, de fato, um tipo de interpretação truncada, por parte dos receptores das mensagens colocadas pelas mídias. Se há interpretação dos sujeitos, esta é bastante relativa e questionável.

d. que os estudos de recepção têm papel fundamental nesse debate. Os receptores possuem potencial interpretativo das mensagens já que são, como os produtores midiáticos, construtores da cultura.

(6)

Antropologia e consumo

Nicole Isabel dos Reis é bacharel em Ciências Sociais (2003), mestre em Antropologia Social (2005) e doutora em Antropologia Social pela Universidade Federal do Rio Grande do Sul (UFRGS). Atua nas áreas de música popular, memória, fazeres artísticos, trajetórias artísticas, relação fã-ídolo, propriedade intelectual, direito autoral, consumo e identidade regional gaúcha.

Nicole Isabel dos Reis

Neste capítulo, trataremos da relação entre antropologia e consumo, examinando as principais reflexões da disciplina em relação a este que é um tópico de fundamental importância para se pensar o mundo contemporâneo. Examinaremos as análises de Marshall Sahlins, do consumo como prática cultural; de Mary Douglas e Baron Isherwood, do consumo como revelador de práticas culturais e elo interpessoal; de Pierre Bourdieu, do consumo como fator de distinção. Na parte final, examinaremos algumas etnografias recentes relacionadas à temática, com destaque para a obra de Daniel Miller.

Assim, iniciaremos contextualizando a importância de se estudar o consumo dentro do prisma das ciências sociais, principalmente por meio de um olhar antropológico.

(6.1)
Consumo e modernidade

Uma das características mais marcantes do mundo moderno é a forte presença do consumo no cotidiano das pessoas. Se antigamente era preciso plantar, construir ou criar grande parte do que se necessitava para viver, nos dias de hoje, com o aumento da industrialização, somado ao crescimento do comércio internacional e da própria globalização, é possível comprar qualquer coisa. Ao mesmo tempo em que se encontra tudo pronto para o consumo, criam-se novas "necessidades" para os consumidores. A quantidade de objetos que se precisa para viver só aumenta, criando novos ciclos de consumo sempre que determinados produtos saem de moda ou tornam-se obsoletos. Um rápido olhar sobre os objetos que se tem em uma casa é capaz de revelar o quanto as "necessidades básicas" aumentam quando comparadas com as das gerações precedentes – são inúmeros os bens que fazem parte do cotidiano e não imaginamos nossas vidas sem eles. Embora se possa argumentar que muitas dessas necessidades são "fabricadas" por aqueles que querem vender seus produtos, alguns autores argumentam que houve um movimento contrário – da parte dos próprios consumidores – que fez com que "revoluções de consumo", como a iniciada na Inglaterra do século XIX, influenciada pelo romantismo, fossem possíveis (Campbell, 2001).

No mundo contemporâneo, o consumo é uma importante chave para se entender a sociedade – e não só a produção (que sempre foi o eixo central das análises econômicas e sociais, fortemente inspiradas nos paradigmas marxistas). Assim, entre outras coisas, o consumo aproxima pessoas de locais distantes: podemos ver o mesmo tênis sendo usado por adolescentes no interior do Brasil ou em uma ilha do Pacífico; o mesmo refrigerante sendo bebido em um país da América Central ou no norte da Europa; as mesmas músicas sendo escutadas em um grande centro urbano africano e nos centros urbanos norte-americanos. O consumo também pode ser visto como uma ferramenta que revela valores, preferências, gostos e vários outros aspectos importantes da vida social. Além disso, um dos fatores de acesso à cidadania é o acesso ao consumo. Principalmente nos países onde existe uma grande desigualdade social, consumir torna-se uma forma de pertencer e ser.

As ciências sociais tratam o consumo como uma questão social e cultural – um fenômeno cultural derivado da profusão de bens e serviços da sociedade moderna e do aumento do consumo destes. No próximo tópico discorreremos sobre a relação entre a antropologia e o consumo.

Marx, mercadorias e valor

Um exemplo de abordagem sociológica da produção é a teoria de valor do sociólogo alemão Karl Marx, tal como descrita em sua obra *O capital*. Segundo Marx, a mercadoria possui dois tipos de valor. O VALOR DE USO é referente à utilidade que os objetos têm para as pessoas que os utilizam.

É, portanto, subjetivo – varia de acordo com a pessoa e o meio social. Já o VALOR DE TROCA refere-se ao que se manifesta na venda, troca ou compra do objeto – ou seja, nas relações sociais – sendo, dessa forma, objetivo, quantificável. Esse valor depende da quantidade de trabalho humano colocado na fabricação da mercadoria. Quanto mais trabalho, mais valor. Poderíamos interpretar as abordagens sociológicas mais modernas, cujo foco se coloca no consumo, como análises do valor de uso definido por Marx, ou seja, como o valor que os indivíduos atribuem às mercadorias com as quais interagem no seu dia a dia.

(6.2)
Antropologia e consumo

Embora várias esferas acadêmicas atualmente pesquisem a temática do consumo, como a economia, a sociologia e a história, a antropologia há muito tempo tem se interessado pelo quão revelador pode ser um olhar sobre como e por que consumimos o que consumimos – ou seja, pela sua dimensão simbólica.

Em verdade, a troca e o uso de objetos sempre foram considerados dados importantes para a disciplina. Por exemplo: dois dos "pais fundadores" da antropologia, Bronislaw Malinoswki (1976) e Marcel Mauss (2003), dedicaram partes importantes de suas obras a interpretar essas práticas simbólicas nas sociedades que analisaram. Malinowski dedicou grande parte de sua obra *Os argonautas do Pacífico Ocidental*, de 1922, ao exame do *kula* – um sistema circular de trocas praticado entre os nativos das Ilhas Trobriand e arredores. Mauss escreveu o *Ensaio sobre a dádiva*, no qual afirma que dar, receber e retribuir são ações fundamentais para a constituição e manutenção das relações sociais.

Etnografia

Etnografia é o método por excelência da antropologia para coletar dados, considerado por muitos como sua essência e sua principal diferença em relação às outras ciências sociais. Consiste na realização de trabalho de campo, de forma a fornecer uma análise descritiva de determinado grupo ou evento social. Uma etnografia apresenta os resultados de um método de pesquisa preocupado com o todo, fundado na ideia de que as propriedades de um sistema não podem ser corretamente apreendidas independentemente umas das outras. Um dos textos considerados uma das etnografias fundantes é *Os argonautas do Pacífico Ocidental*, de Malinowski, citado anteriormente, no qual o antropólogo propõe uma detalhada e atenta observação participante como forma de apreender aspectos da sociedade pesquisada.

No entanto, as tentativas dentro da disciplina de compreender o consumo na sua forma "moderna" existem desde os anos de 1970. Como perceberemos pelos autores tratados a seguir, foi o trabalho de campo – ou seja, a realização de etnografias específicas relacionadas à temática – que abriu novas possibilidades de interpretação para o consumo e rompeu com os antigos esquemas analíticos.

Uma primeira abordagem: o consumo como prática cultural – Marshall Sahlins

Na sua obra de 1976, *Cultura e razão prática*, o antropólogo americano Marshall Sahlins (2003) propôs uma crítica à visão marxista, a qual afirma que a economia é uma esfera autônoma da vida social, regida por uma racionalidade prática que só almeja a sobrevivência. Para o autor, o valor de uso dos objetos é uma construção social, assim como seu valor de troca. A utilidade das coisas não derivaria necessariamente de sua relação com a sobrevivência, mas de uma combinação entre praticidade e simbolismo, em permanente reelaboração dentro de determinada cultura. Ou seja, nenhuma explicação "funcional" sobre o valor de um objeto para determinado grupo seria o suficiente, já que esse valor funcional sempre é relativo a um sistema cultural específico.

Do mesmo modo, não é possível interpretar qualquer forma cultural como necessariamente dependente de um esquema prático. Com isso, o autor não quer dizer que as coisas materiais não produzam efeitos reais na cultura, mas que esses efeitos só podem ser interpretados a partir de sua integração no sistema cultural.

Sahlins vai mais além ao afirmar que, na cultura ocidental, a economia é o *locus* principal da produção simbólica, ou seja, a produção de mercadorias é, ao mesmo tempo, o modo privilegiado de produção simbólica e de sua transmissão. Para o autor, o valor de troca é obtido na produção de objetos "diferentes", que possuem um significado diferencial na sociedade – como Porsches em vez de Fuscas ou ternos em vez de macacões.

A contribuição de Sahlins é fundamental para o pensamento antropológico sobre o consumo, justamente por propor a interpretação da economia como uma parte da cultura, e não como algo destacado ou determinante desta. Como veremos a seguir, essa ideia passa a ser, de certo modo, o pano de fundo de estudos posteriores sobre a temática.

Consumo como revelador da cultura e elo interpessoal: Mary Douglas e Baron Isherwood

Em 1979, a antropóloga inglesa Mary Douglas e o economista Baron Isherwood se lançaram na empreitada inédita de construir uma ponte entre a economia e a cultura, por meio da obra *O mundo dos bens* (Douglas; Isherwood, 2004). A justificativa dos autores para tal obra era trazer para a antropologia uma questão que sempre havia sido abordada pelos economistas, mas nunca no campo das ciências sociais: por que as pessoas querem produtos?

Tendo essa indagação como pano de fundo, Douglas e Isherwood passaram a examinar o consumo como uma prática cultural, colocando-o como uma espécie de arena na qual a própria cultura é disputada e formatada. Eles dão o exemplo da dona de casa com as compras: parte destas são para o lar como um todo, parte para o marido, outra parte para os filhos, e ainda outra para os convidados da família. Quem é convidado para frequentar a casa, em que partes da casa se dá a interação com os hóspedes, o que é oferecido a estes em termos de música, comida, bebida, conversa todas essas escolhas, para os autores, expressam e geram a cultura em um sentido geral. O que era considerado uma futilidade – as escolhas de consumo – é, na verdade, capaz de expressar muito sobre determinada cultura e época.

Assim, em vez de supor que os bens são necessários primariamente para a subsistência ou para a exibição de determinado *status*, deve-se levar em consideração que são eles, por meio dos significados sociais que carregam, que tornam visíveis as categorias da cultura. Mais do que isso: os bens criam e mantêm relações sociais.

Para eles, os produtos constituem veículos de interação e estabelecem fronteiras de inclusão e exclusão entre grupos. Assim, o consumo deve ser colocado lado a lado com o trabalho e a produção, quando se analisa um sistema social, e ser compreendido na sua qualidade de elo interpessoal.

Nessa visão, o consumo passa a ser concebido como uma espécie de ritual, cuja função primordial é dar sentido ao fluxo dos eventos. Ao consumir, o indivíduo diz algo sobre si mesmo, sobre sua família, sua origem, seu meio social. Os objetos são, assim, acessórios rituais dos quais o consumidor se serve para construir um universo inteligível à sua volta. Mais do que úteis para comer, vestir ou abrigar, as mercadorias são boas para pensar – servindo como um meio não verbal para a faculdade criativa humana. É interessante comparar essa visão de Douglas e Isherwood com as ideias de Bourdieu, tratadas a seguir, segundo as quais o consumo é determinado pela hierarquia social – em que não haveria, portanto, espaço para a "criatividade".

O consumo como distinção: Pierre Bourdieu

No mesmo ano do lançamento de *O mundo dos bens*, o sociólogo francês Pierre Bourdieu (2007) lançou uma de suas principais obras, intitulada *A distinção – crítica social do julgamento*. Nesse livro, fruto de uma pesquisa empírica realizada entre 1963 e 1968, Bourdieu, preocupado em perceber como se constituem as fronteiras entre as classes, discute o quanto o poder é capaz de definir conceitos estéticos, tais como o "gosto". Seus dados apontam para uma estreita correspondência entre a classe social do indivíduo e seus gostos e interesses, bem como as distinções baseadas na classe social são reforçadas no cotidiano.

Segundo Bourdieu, mesmo quando as classes subordinadas parecem ter sua própria ideia de "bom gosto", sua estética nunca deixa de ser uma estética "dominada", constantemente obrigada a se definir como uma estética superior. Um dos aspectos que mais revelaria a posição social do indivíduo, portanto, e que o distinguiria dos demais, está relacionado ao consumo. Ou seja, Bourdieu considera o consumo uma prática na qual os sujeitos procuram se distinguir na hierarquia social.

Assim, ele propõe uma análise do "gosto" – algo lapidado na educação familiar e escolar – e avalia o nível de propriedade e proporção com que este informa as necessidades culturais e simbólicas e a maneira como são manejados os bens simbólicos nos diferentes estratos sociais. O consumo, que pressupõe o domínio do código, é visto como comunicação, de modo que a uma hierarquia de bens simbólicos ordenada pelo gosto corresponde uma hierarquia social de consumidores. No topo dessa hierarquia, estariam pessoas dotadas de "gosto", donos de uma percepção artística que se impõe como legítima; na base, ficariam pessoas cuja experiência está organizada por regimes de valor diversos – consideradas como "não tendo gosto".

Para Bourdieu, portanto, a uma hierarquia de bens e produtos corresponderia também uma hierarquia social. Como se pode perceber, seu enfoque se diferencia dos autores mencionados anteriormente pela sua percepção do consumo como, ao mesmo tempo, uma espécie de "determinação" e um indicativo de classe.

Um exemplo de abordagem contemporânea: Daniel Miller

A partir dos anos de 1990, aumentaram consideravelmente os estudos relacionados a práticas e representações acerca do consumo dentro das ciências sociais. Na antropologia, um dos principais nomes a se destacar com pesquisas recentes sobre o consumo foi o do antropólogo inglês Daniel Miller (2002).

Miller parte da ideia de que, no mundo contemporâneo, o consumidor age sobre o objeto que adquire e o recontextualiza em seu universo de significados. Ele reforça a importância de etnografar o consumo de produtos de massa, já que estes são produtos da industrialização e, assim, criam e representam a cultura moderna ocidental, fazendo parte fundamental do processo dialético de objetificação pela qual a sociedade industrial continuamente se reinventa.

Para esse autor, na sociedade ocidental, consumo e produção são inseparáveis. As mesmas circunstâncias que organizam a produção como um momento de estranhamento viabilizam as condições para que o consumo, enquanto reapropriação, seja possível (Lima, 2003).

A proposta de Miller (1998) é importante no sentido de que os bens deixem de ser percebidos e analisados como coisas fúteis, "meras" mercadorias, e sejam compreendidos como constituintes criativos da vida moderna. Sua pesquisa, entitulada *Teoria das compras*, demonstra claramente seu enunciado.

Miller realizou trabalho de campo durante um ano em uma rua no norte da cidade de Londres, na Inglaterra. Durante esse tempo, acompanhou e participou da rotina de compras de algumas famílias que moravam no local.

Com isso, o autor propôs que se pensasse a compra e o processo de seleção de produtos implicado nesta como atividades pelas quais o consumidor desenvolve suas relações sociais mais próximas.

Em vez da ideia do consumo como um ato impulsivo, percebe-se na etnografia uma concepção bastante diversa. Acompanhando as estratégias empregadas pelos consumidores (principalmente pelas mulheres, na maioria das vezes responsáveis pelas compras da casa) para economizar seu dinheiro – como pela adesão a promoções e à caça de descontos – além da compra de presentes para um membro da família, Miller (1998) intepreta o consumo como um sacrifício, motivado pelo amor, e realizado em três etapas.

A primeira etapa do processo de compra consiste da constatação da existência dos recursos a serem gastos. Na segunda, entram em cenas as estratégias dos consumidores para economizar, pechinchando, comprando em liquidações, esperando o momento certo para gastar. No terceiro momento do processo, os objetos adquiridos são repartidos entre seus destinatários, reforçando laços familiares e revelando várias dimensões de afeto, amor e dinâmicas familiares.

O autor tenta acabar com várias ideias do senso comum sobre o consumo, propondo que este se tornou a vanguarda da história e que as ciências sociais perderam muito tempo ignorando-o como objeto de estudo, já que o mundo material evocado pelo consumo tem muito a dizer sobre as pessoas, a cultura e a sociedade. Assim como Bourdieu, Miller estabelece uma ligação entre consumo e poder – de um modo diferente, no entanto.

Em primeiro lugar, ele nega ao consumidor o papel de vítima de uma conspiração, formada por capitalistas, corporações e governantes, que fazem com que ele se torne dependente de produtos não necessários à sobrevivência. Ao contrário, coloca o poder ao lado do consumidor – em vez de impor ao mercado o que desejam, os capitalistas, hoje em dia, devem seguir os desejos do consumidor para sobreviver. Da mesma maneira, os políticos devem satisfazer as demandas econômicas dos consumidores. Em vez de vítimas, os consumidores são vistos como detentores de uma espécie de poder difuso, espalhado, mas real e ativo.

Essa ideia muda a visão de consumo de algo perverso para algo criativo. Miller admite que muitas das críticas que recebe estão relacionadas ao fato de tratar o consumo como uma coisa "boa". Ele afirma que o consumidor tem um poder criativo em relação ao seu produto de consumo, utilizando-o, muitas vezes, para coisas que os produtores jamais pensaram.

Essas dimensões criativas que Miller menciona são bastante evidentes nas etnografias recentes, realizadas sobre a temática do consumo. Na seção seguinte, trataremos brevemente de alguns exemplos dessas etnografias recentes.

Etnografias contemporâneas: exemplos

Um exemplo interessante de etnografia recente é o trabalho do próprio Daniel Miller (1998) sobre a Coca-Cola. O autor elabora uma contextualização histórica e, de certo modo, geográfica da presença da Coca-Cola nas Ilhas Trinidad e de sua relação com a produção local de refrigerantes (referidos como "bebida doce" pelos nativos) e com as características étnicas e simbólicas dos grupos que habitam Trinidad. Ele afirma que, longe de ser um metassímbolo, um símbolo dos símbolos, de mercadorias de caráter global, a Coca-Cola também é passiva de adquirir significados localmente, sendo, portanto, difícil falar numa hegemonia simbólica criada pelas grandes corporações que vendem estes produtos "globais."

Débora Leitão e Rosana Pinheiro Machado (2006), no livro *Antropologia e consumo: diálogos entre Brasil e Argentina*, tratam do consumo de produtos de grife pirateados no Brasil e do uso de elementos da cultura popular brasileira por estilistas em suas coleções, remetendo a outra possibilidade de estudo na antropologia do consumo, que é a relação de objetos específicos com o contexto social no qual são significados e utilizados. Nesse texto, as autoras usam a questão do consumo para problematizar a noção, corrente no Brasil, de que somos um país harmonioso e aberto ao intercâmbio entre as classes sociais.

Nesse mesmo livro, uma das primeiras obras a reunir pesquisas brasileiras e argentinas sobre consumo, produtos específicos são usados para uma reflexão sobre a temática do consumo, entre os quais destaco alguns. Chazan (2006) apresenta uma etnografia do consumo de imagens fetais em clínicas de ultrassom do Rio de Janeiro, mostrando como um ato clínico – a verificação da saúde do feto – transforma-se em um espetáculo de lazer e de consumo de imagens e produtos (como DVDs e fotos) pela gestante e sua família. Azize (2006) analisa os discursos de médicos e usuários de determinadas medicações, como Viagra, Xenical e Prozac, e a maneira como elas passam a ser vistas como objetos de consumo, como parte de um estilo de vida, em vez de relacionadas a doenças.

Mizrahi (2006), por sua vez, analisa uma peça de vestuário utilizada pelos jovens *funkeiros* cariocas – a "calça da Gang". Interpretando as características materiais do objeto juntamente com suas características simbólicas, a autora procura situar a peça no que é chamado de "figurino *funk*".

Como é possível perceber pela variedade de temáticas das etnografias citadas e das grandes possibilidades de interpretação que apresentam, a antropologia ainda tem muito a explorar sobre o consumo – como mencionado no início deste texto, algo cada vez mais presente em todos os lugares e esferas sociais da contemporaneidade.

(.)
Ponto final

Neste capítulo, tratamos da temática do consumo e de sua relação com a antropologia. Iniciamos destacando a forte presença do consumo na vida contemporânea e no mundo globalizado. No segmento seguinte, apontamos para o aparecimento de questões relativas ao uso e à troca de bens desde os primórdios da disciplina. Passamos, então, a explorar a temática dentro do pensamento antropológico desde a década de 1970. Vimos o quanto Sahlins se opôs a ideias dominantes do pensamento marxista, ao colocar o consumo como uma prática cultural e a economia como parte da cultura, e não como uma esfera separada desta. A seguir, com o trabalho pioneiro de Douglas e Isherwood, pudemos perceber o quanto o consumo informa sobre a vida e os laços sociais, sendo, fundamentalmente, uma maneira de criar e manter relações. Bourdieu considera o consumo profundamente relacionado à hierarquia social, enquanto Miller, no segmento seguinte, permite novas possibilidades para se pensar o consumo – inclusive como algo "criativo" e não subordinado, como análises anteriores afirmavam. Para finalizar, vimos alguns exemplos de etnografias recentes na área, percebendo quão diversa e instigante pode ser uma abordagem sobre a temática do consumo na antropologia.

Indicação cultural

HORIZONTES ANTROPOLÓGICOS. Porto Alegre, v. 13, n. 28, jul./dez. 2007. Disponível em: <http://www.scielo.br/scielo.php?script=sci_issuetoc&pid=010471832007 0002&lng=en&nrm=iso>. Acesso em: 7 out. 2008.

Neste número da revista do Programa de Pós-Graduação em Antropologia Social da Universidade Federal do Rio Grande do Sul, Oliven e Pinheiro Machado selecionaram artigos que demonstram a amplitude de possibilidades da pesquisa antropológica na temática do consumo. Além de textos de dois autores importantes da disciplina, citados anteriormente (Mary Douglas e Daniel Miller), o volume traz etnografias bastante instigantes, tratando desde o consumo de feijão e arroz até os dispêndios com moda, festas infantis, *sites* da internet, livros usados e diversos outros aspectos e questões do "mundo do consumo".

Atividades

1. A visão marxista, criticada pelas ideias de Marshall Sahlins, afirmava que:
   a. a economia é dependente da cultura, assim como a religião e outras esferas da vida social.
   b. a economia poderia ser considerada uma esfera autônoma da vida social, caso não focasse exclusivamente questões de sobrevivência.

c. a economia é uma esfera autônoma da vida social, regida por uma racionalidade prática que só almeja a sobrevivência.

d. a economia é o *locus* principal da produção simbólica de determinada sociedade.

2. Qual alternativa não pertence ao conjunto de ideias de Bourdieu sobre o consumo?

a. São os bens que criam e mantêm as relações sociais.

b. Existe uma correspondência entre a classe social do indivíduo e seus gostos e interesses, de modo que o gosto é determinado pela hierarquia social.

c. O poder é capaz de definir conceitos estéticos, tais como o "gosto" de determinado indivíduo – lapidado por meio da educação familiar e escolar.

d. A uma hierarquia de bens e produtos corresponderia também uma hierarquia social.

3. Qual o papel que Daniel Miller atribui aos consumidores?

a. De meros agentes passivos, reprodutores de hierarquias sociais.

b. De indivíduos meramente preocupados em pechinchar e garantir lucros pessoais em suas compras.

c. De vítimas de uma conspiração formada por capitalistas, corporações e governantes.

d. De detentores de um poder criativo em relação ao seu produto de consumo, utilizando-o, muitas vezes, para coisas que os produtores jamais pensaram.

(7)

Reflexões sobre as consequências
culturais da globalização sob o ponto
de vista do patrimônio cultural

Ana Paula Comin de Carvalho é doutora (2008) e mestre (2004) em Antropologia Social pela Universidade Federal do Rio Grande do Sul (UFRGS) e graduada em Ciências Sociais (2001) pela mesma universidade.

Ana Paula Comin de Carvalho

O objetivo deste capítulo é, com base na temática do patrimônio cultural, refletir sobre algumas consequências da globalização que extrapolam a esfera econômica, tais como o fluxo de ideias sobre políticas de preservação do patrimônio entre países do Oriente e do Ocidente e o processo de consumo de bens culturais.

(7.1)
O fluxo de ideias sobre políticas de preservação do patrimônio cultural

As noções de monumento histórico e de patrimônio são, como observa a antropóloga Márcia Sant'Anna (2001), datadas e ocidentais, ou seja, foram forjadas em determinado período histórico e com base em uma perspectiva que não é comungada pelos orientais. Durante o século XIX, o conceito de monumento histórico se configurou nos países europeus, vinculando-se a instituições e práticas de preservação governamentais e civis. Simultaneamente, a ideia de patrimônio histórico e artístico nacional se consolidou como entidade englobadora do conjunto dos monumentos históricos, amparada em leis de proteção formuladas pelos Estados europeus, e como um dispositivo estratégico de sua organização monumental. A prática da preservação histórica contribuiu para a representação simbólica da "identidade" e da "memória" da nação, reforçando o sentimento de nacionalidade por meio de uma narrativa histórica, bem como a valorização de determinada produção artística.

Até meados do século XX, a arte e a história eram os saberes que fundamentavam a seleção de monumentos. Imperava o conceito renascentista de beleza na seleção do patrimônio, o qual se limitava apenas a bens móveis e imóveis caracterizados pela grandeza e excepcionalidade. Consequentemente, os edifícios e obras de arte escolhidos como patrimônio pelas várias nações europeias durante o século XIX correspondiam, em sua maioria, a vestígios da

Antiguidade Clássica e a edifícios religiosos e castelos da Idade Média, destacados pela arqueologia ou pela história da arquitetura erudita. Com o fim da Segunda Guerra Mundial e a criação da Unesco, ocorreram mudanças nos critérios de seleção, em virtude de nova concepção histórica de documento e dos avanços da antropologia, e passaram a ser incorporadas como patrimônio todas as formas de arte e construção eruditas ou populares, urbanas e rurais, públicas ou privadas, suntuosas ou utilitárias[a]. Alterou-se também a fronteira cronológica do patrimônio, incluindo a primeira metade do século XIX, depois a segunda, o começo do século XX, até chegar às obras produzidas na metade desse século pelo modernismo. A prática patrimonial também se expandiu territorialmente, já que em 1972 participaram da Convenção do Patrimônio Mundial, Cultural e Natural 80 países não europeus.

Essa convenção surgiu da associação de dois movimentos: o primeiro dava ênfase ao perigo que corriam os sítios culturais, o outro se ocupava da conservação da natureza. O que suscitou especial preocupação internacional foi a decisão de construir a grande represa de Assuan, no Egito, com a qual se inundaria o vale em que se encontravam os templos de Abu Simbel, um tesouro da antiga civilização egípcia. Em 1959, a Unesco decidiu lançar uma campanha internacional com base em uma solicitação dos governos do Egito e do Sudão. O sucesso dessa campanha motivou outras, como a de Veneza, na Itália, a de Moenjodaro,

---

a. A Unesco foi criada em 16 de novembro de 1945, logo após a Segunda Guerra Mundial. No contexto internacional de políticas públicas contemporâneo, as questões gerais sobre o tema do patrimônio cultural da humanidade são conduzidas para os fóruns da Unesco, seminários e conferências internacionais de diferentes ordens (Unesco, 2008).

no Paquistão e a de Borobodur, na Indonésia. Em seguida a Unesco iniciou, com a ajuda do Conselho Internacional de Monumentos e Sítios (Icomos), a elaboração de um projeto de convenção sobre a proteção do patrimônio cultural. A ideia de combinar a conservação dos sítios culturais com a dos sítios naturais foi dos Estados Unidos. Em 1965, numa conferência na Casa Branca, seus representantes pediram que fosse criada a Fundação do Patrimônio Mundial, para estimular a cooperação internacional a proteger áreas paisagísticas e sítios históricos.

Como aponta a antropóloga Marta Anico (2005), o período subsequente à Segunda Guerra Mundial marcou o início de uma transformação qualitativa e quantitativa nos processos de configuração patrimonial, decorrente de uma nova sensibilidade em relação aos referentes culturais potencialmente patrimonializáveis. A proliferação de instituições e instrumentos vocacionados para essa tarefa, a criação de teatros ou locais de recordação e reminiscência do passado (fenômeno conhecido como *boom* da memória) buscavam contribuir com o propósito de evitar o esquecimento e contrapor uma noção de tempo glacial, contínuo e estável, à instantaneidade que caracteriza a temporalidade em contextos pós-modernos e globalizados.

É também ocidental essa forma de se relacionar com o passado, que implica colocá-lo sob uma perspectiva histórica e selecionar alguns bens materiais como testemunhos de sua existência. Exclusivas da Europa, essas práticas de conservação e proteção eram inexistentes nos países orientais, ao menos dessa forma. Nesses locais, as tradições são vividas no presente, primando-se pela transmissão dos saberes que a elas estão vinculados e não pela conservação dos objetos produzidos. No Japão, os templos são mantidos novos por meio de reconstruções idênticas, periódicas e rituais. Trata-se de uma concepção de preservação muito diversa da ocidental, que não enfatiza a permanência do objeto e a noção de autenticidade, mas do saber fazer, refazer e reproduzir fielmente, sejam monumentos ou escritos, seja uma expressão cênica ou plástica de celebração. Desde a década de 1950, este país possui uma legislação voltada para a conservação e transmissão desses conhecimentos, percebidos como monumentos ou bens culturais, incentivando grupos ou pessoas que as mantêm, preservam e transmitem. De acordo com a antropóloga Regina Abreu (2003), em 1964, o governo da República da Coreia pôs em andamento seu sistema de proteção e transmissão do patrimônio imaterial para as gerações seguintes. Nas Filipinas, por meio de um decreto presidencial de 1973, passou-se a conceder honras e privilégios aos artistas nacionais. Na Tailândia, foi lançado, em 1985, um projeto para render homenagens aos artistas tailandeses de grande valor e talento, buscando, simultaneamente, proteger as artes a eles correspondentes.

No discurso ocidental, essa noção de patrimônio começou a penetrar por meio das criações populares, na primeira expansão tipológica do conceito realizada nos anos 1960. Na década de 1970, em encontros sobre o tema realizados pela Unesco em países do terceiro mundo, foram elaboradas recomendações com noções mais ampliadas de patrimônio cultural, no sentido da proteção de lugares definidos como de "valor sociocultural", de aglomerações tidas como "reservas de modos de vida", das "criações anônimas surgidas da alma popular" e, por fim, das "obras materiais e não materiais que expressam a criatividade de um povo". Na Convenção do Patrimônio Mundial, Cultural e Natural, realizada em 1972, países-membros menos desenvolvidos, liderados pela Bolívia, reivindicaram a realização de pesquisas com o intuito de formular um instrumento internacional para a proteção das expressões populares de valor cultural. Resultado disso é que, em 1989, foi aprovada pela Conferência Geral da Unesco a *Recomendação sobre a salvaguarda da cultura tradicional e popular*. Nela define-se que deve ser protegido o conjunto de criações que provêm de uma comunidade cultural, fundadas na tradição, expressas por um grupo ou por indivíduos, e que reconhecidamente correspondem às expectativas da comunidade enquanto expressão de sua identidade cultural e social. Os padrões e valores dessas criações seriam transmitidos oralmente, por imitação ou por outros meios, e poderiam adotar diferentes formas: a língua, a literatura, a música, a dança, os jogos, a mitologia, os ritos, os costumes, o artesanato, a arquitetura etc.

O conceito de patrimônio imaterial ou intangível se firmou, no plano internacional, com base em uma lenta, hesitante e controversa transformação no conceito de cultura tradicional e popular que essa recomendação expressava. Reconheceu-se que não se poderia apenas proteger as manifestações culturais de determinada camada social – que a categoria problemática de popular abarcaria – e que não poderiam ser excluídas expressões contemporâneas da cultura por uma interpretação limitada do termo tradicional. Em 1996, a Unesco divulgou o sistema Tesouros Humanos Vivos, baseada na experiência de países orientais descritas anteriormente. No ano de 2003, essa organização adotou a Convenção para a Salvaguarda do Patrimônio Cultural Imaterial. Nela se entende que devem ser protegidos os usos, representações, expressões, conhecimentos e técnicas de forma conjunta com os instrumentos, objetos, artefatos e espaços culturais que lhe dizem respeito e que as comunidades, os grupos e até mesmo os indivíduos os reconheçam como parte integrante de seu patrimônio cultural. Este é transmitido ao longo das gerações, sendo recriado constantemente em função do entorno, das interações com a natureza e a história.

(7.2)
As tensões entre o global e o local que perpassam a temática do patrimônio cultural

As discussões sobre políticas de preservação do patrimônio cultural no âmbito internacional são pautadas pelos receios em relação a uma homogeneização cultural provocada pela intensificação dos intercâmbios e pela crescente interdependência econômica. Nessa linha de raciocínio, as revoluções tecnológicas e comunicacionais poderiam ocasionar um empobrecimento das identidades e da diversidade cultural para as quais essas políticas deveriam atentar.

Esse discurso, denominado *narrativa da perda* pelo antropólogo José Reginaldo Santos Gonçalves (1995), concebe a história como um processo contínuo de destruição de valores culturais. Entretanto, a própria política de preservação patrimonial implica prejuízos, na medida em que apenas alguns fragmentos, que são considerados representativos de uma nação ou da humanidade, são objetos de acautelamento.

Conforme Anico (2005), diante de uma ameaça de ruptura e desaparecimento de referentes culturais em virtude de sua eventual assimilação por uma cultura transnacional – em parte real e em parte imaginada –, assiste-se a uma crescente valorização de identidades coletivas locais. Esse fenômeno tem sido, geralmente, acompanhado por um sentimento nostálgico em relação ao passado, que é, em decorrência de circunstâncias e necessidades do presente, reapropriado de diferentes formas. Entre elas está a do *marketing* cultural, sobre o qual falaremos mais adiante.

Segundo a socióloga Maria Cecília Londres Fonseca (2001), a recente ampliação da noção de patrimônio cultural pode ser considerada mais um dos efeitos da globalização, na medida em que aspectos de sua cultura, tais como a arquitetura e as manifestações artísticas – muitas vezes considerados por olhares externos como toscas, primitivas ou exóticas, porém, reconhecidas como patrimônio mundial – contribuem para inserir um país ou grupo social na comunidade internacional, com benefícios políticos e econômicos.

Por outro lado, levando-se em consideração os fenômenos mais recentes dos intensos fluxos migratórios, os processos de comunicação cada vez mais ágeis, a presença e interpenetração de tradições culturais distintas, que podem ser definidos como desterritorialização da cultura, não resta dúvidas de que o alargamento do conceito contribui para a aproximação das políticas culturais dos contextos multiétnicos, multirreligiosos e extremamente heterogêneos que caracterizam as sociedades contemporâneas. Dessa forma, os patrimônios podem ser analisados à luz das dinâmicas centrípetas[b] e centrífugas[c] de

---

b. CENTRÍPETA – que tende a aproximar-se do centro, ou seja, nesse caso estamos falando de uma dinâmica de adoção de padrões de políticas patrimoniais que segue dos países periféricos em direção aos países centrais.

c. CENTRÍFUGA – que tende a se afastar do centro, isto é, estamos falando nesse caso de uma dinâmica de adoção de padrões de políticas patrimoniais que segue dos países centrais em direção aos países periféricos.

desterritorialização[d] e de reterritorialização[e], na medida em que os elementos culturais são retirados de seus contextos sociais, culturais, espaciais e temporais para serem incorporados em novas relações (Anico, 2005).

Dessa forma, como observa o antropólogo indiano Arjun Appadurai (1990), o principal problema das interações globais atuais é a tensão entre a homogeneização e a heterogeneização cultural. O autor identifica, em um conjunto de estudos, os argumentos da homogeneização, da americanização e ainda da "commoditização" – ou seja, mercantilização. Esses argumentos, segundo o autor, desconsiderariam que, tão logo as forças homogeneizantes provenientes de várias metrópoles se constituem em novas associações, elas tendem a se tornar indigenizadas, isto é, adotam formas e sentidos locais.

Percebemos que o acúmulo de conhecimento sobre aquilo que se convencionou chamar cultura popular e tradicional, fruto de estudos e pesquisas desenvolvidas em países do terceiro mundo e políticas públicas de nações orientais, contribuiu para uma ampliação do conceito de patrimônio cultural em escala mundial, como as transformações nas recomendações da Unesco evidenciam. O fluxo de ideias sobre o tema permitiu que a preservação do patrimônio se tornasse uma prática de dimensões planetárias. Entretanto, essa prática assume contornos específicos em cada país. A adoção de inventários de referências culturais e a elaboração de uma metodologia específica

---

d. DESTERRITORIALIZAÇÃO – quando uma prática patrimonial prescinde de uma base territorial, ou seja, apesar de ter uma origem territorial, ela se espalha por outros países do mundo.

e. RETERRITORIALIZAÇÃO – quando uma prática patrimonial se vincula a uma base territorial, isto é, passa a ser associada a determinado país por meio de sua incorporação à legislação nacional, por exemplo.

para realizá-los, por exemplo, é uma solução brasileira para garantir a salvaguarda do patrimônio imaterial ou intangível, que se baseia em experiências locais anteriores e na aplicação prática do conhecimento antropológico.

(7.3) O consumo de bens culturais

Para a arquiteta Lia Motta (2000), na disputa entre cidades num mercado globalizado, o patrimônio tem sido cada vez mais apropriado para o consumo visual, o que implica o seu enobrecimento e uso como produto. É o que ela chama de *modelo globalizado*, em que o poder público se situa como produtor de um valor que tira vantagem das transformações que vêm ocorrendo em virtude da globalização da economia e da cultura. Esse valor é comercial, na medida em que o patrimônio cultural, um bem coletivo, é igualado aos produtos de consumo, isto é, transformado numa mercadoria.

Nesse contexto, produzem-se cenários padronizados que buscam inserir esses bens culturais no circuito das comunicações, do consumo de massa e da indústria cultural. É o MARKETING CULTURAL, que explora as possibilidades de identidades partilhadas pelo consumo das mesmas mercadorias, ou seja, a busca por um tipo de consumidor – parte de uma massa cultural – que procura certo tipo de produto cultural como marca clara de sua identidade social. Dessa forma, os bens culturais são, ao mesmo tempo, referências de identidade e mercadoria.

Essa visão se contrapõe ao valor documental dos sítios históricos, aos sentidos e referências atribuídos a eles por populações, pesquisadores e instituições que primam pela sua conservação, como é o caso do Instituto do Patrimônio Histórico e Artístico Nacional (Iphan) no Brasil. Segundo Motta (2000), esse é o valor que possibilita a apropriação dos sítios como patrimônio, transformando-os em fonte de conhecimento, referências da história, da memória e das identidades, elementos fundamentais ao exercício da cidadania.

Conforme o antropólogo argentino Nestor Garcia Canclini (1999), o consumo serve para pensar, já que, quando selecionamos bens e nos apropriamos deles, estamos definindo o que consideramos publicamente valioso, bem como as formas com que nos integramos e diferenciamos na sociedade. Para ele, ao consumir também se pensa, escolhe-se e elabora-se o sentido social. Desse modo, o consumo contemporâneo constituiria uma nova maneira de ser cidadão. No entendimento desse autor, a preocupação metafísica com a "perda da identidade" é incapaz de discernir os diversos efeitos da globalização.

Partindo de uma perspectiva diversa, o filósofo francês Gilles Lipovetsky (1991) acredita que, mais do que para diferenciar, o consumo serve para satisfazer os anseios individuais. Como observa Anico (2005), devemos atentar para a multiplicidade e a conflitualidade das potenciais interpretações do visitante/consumidor. Temos de ter em conta que as experiências de vida e as trajetórias pessoais e intergeracionais podem conduzir a uma valorização positiva, mas também negativa do passado, permitindo interpretações diferenciadas do patrimônio.

Precisamos levar em consideração que a mercantilização do patrimônio cultural não é um processo unidirecional e necessariamente negativo. Essa discussão vem sendo travada em relação aos museus e se coloca agora para os sítios históricos. Devemos ficar presos a uma noção aurática, sóbria e acadêmica desses espaços ou tratá-los como meio e lugares de comunicação? Cada vez mais, museus e sítios patrimoniais têm sido interpelados a implementar estratégias pedagógicas e comunicacionais interpessoais, que reconheçam a multiplicidade de características sociais e de atitudes culturais dos diversos públicos para assegurar a viabilidade social e cultural dessas instituições no contexto contemporâneo. Se, por um lado, o *marketing* cultural pode contribuir para a padronização dos bens culturais, por outro lado, a preocupação com o consumidor pode estar relacionada à democratização e à democracia cultural centrada na acessibilidade e na possibilidade de proporcionar os meios necessários para a aquisição de certo capital cultural. Se transformações estão ocorrendo nesses espaços, também estão acontecendo entre seus utilizadores, cujas motivações podem oscilar entre a procura de um local propício à renovação pessoal, ao repouso, ao convívio, assim como à descoberta e à exploração.

(.)

Ponto final

Neste capítulo, refletimos sobre algumas consequências da globalização que extrapolam a esfera econômica – como o fluxo de ideias sobre políticas de preservação do patrimônio entre países do Oriente e do Ocidente e o processo de consumo de bens culturais – a partir da temática do patrimônio cultural. Vimos que o fluxo de ideias sobre o patrimônio cultural permitiu que sua preservação se tornasse uma prática de dimensões planetárias. Entretanto, essa prática assume contornos específicos em cada país. Dessa forma, procuramos mostrar que a mercantilização do patrimônio cultural não é um processo unidirecional e necessariamente negativo. Se, por um lado, ele pode contribuir para a padronização dos bens culturais, por outro a preocupação com o visitante/consumidor pode estar relacionada à democratização e à democracia cultural centrada na acessibilidade e na possibilidade de proporcionar os meios necessários para a aquisição de um certo capital cultural.

Indicação cultural

UNESCO – Organização das Nações Unidas para a Educação, a Ciência e a Cultura. Disponível em: <http://www.unesco.org.br>. Acesso em: 7 out. 2008.

O *site* da Unesco traz um conjunto de informações sobre as políticas patrimoniais praticadas em âmbito mundial e como surgiu a preocupação com essa temática em nível global.

Atividades

1. As discussões sobre políticas de preservação do patrimônio cultural em âmbito internacional são pautadas por:
   a. preocupações com a paz mundial.
   b. preocupações com os efeitos econômicos da globalização.
   c. preocupações com os efeitos culturais da globalização.
   d. preocupações com as identidades transnacionais.

2. A ampliação da noção de patrimônio cultural é fruto:

   a. do acúmulo de conhecimento sobre cultura popular e do fluxo de ideias entre Oriente e Ocidente.
   b. do acúmulo de conhecimento sobre cultura erudita e do fluxo de ideias entre a Europa e a América do Norte.
   c. do acúmulo de conhecimento sobre cultura de massas e do fluxo de ideias do Ocidente para o Oriente.
   d. do acúmulo de conhecimento sobre cultura europeia e do fluxo de ideias do Oriente para o Ocidente.

3. Os bens culturais num contexto globalizado são:

   a. apenas mercadorias.
   b. apenas referências identitárias.
   c. referências identitárias e mercadoria.
   d. propriedade privada de determinado grupo cultural.

(8)

Movimentos sociais e
transnacionalismo: reflexões sobre o
movimento negro e suas demandas
por ações afirmativas no Brasil

Laura Cecília López é antropóloga (2001) pela Universidade de Buenos Aires (UBA), mestre em Antropologia Social (2005) pela Universidade Federal do Rio Grande do Sul (UFRGS) e doutora em Antropologia Social pela mesma instituição.

Laura Cecília López

Este capítulo se propõe a examinar, de modo geral, as transformações dos movimentos sociais contemporâneos na América Latina quanto à "transnacionalização" e à relação com o Estado nacional em tempos de globalização. Exploraremos o exemplo de como se conforma a discussão sobre ações afirmativas no Brasil com base na demanda do movimento negro nacional e da força transnacional, que ganharam as reparações e o reconhecimento étnico-racial na América Latina desde a Terceira Conferência Mundial das Nações Unidas contra o Racismo, a Discriminação

Racial, a Xenofobia e as Formas Conexas de Intolerância, realizada em Durban, África do Sul, em 2001.

Definimos AÇÕES AFIRMATIVAS, no contexto da América Latina, seguindo o antropólogo José Jorge de Carvalho (2005), como políticas públicas que visam corrigir uma história de desigualdades e desvantagens sofridas por um grupo racial (ou étnico), em geral diante de um Estado nacional que o discriminou negativamente.

Atualmente, existe no Brasil a ideia de que as demandas do movimento negro por políticas de ação afirmativa, identificadas particularmente com as cotas para o ingresso à universidade, são uma invenção "estrangeira", aplicada no país por meio de uma "imposição" global do modelo de combate ao racismo dos Estados Unidos.

Para nos distanciarmos dessa afirmação (muito comum na mídia), que simplifica um fenômeno social complexo, exploraremos alguns pontos relevantes para entender, de modo geral: I) o movimento negro no quadro das transformações dos movimentos sociais contemporâneos e sua relação com o Estado e com os atores globais; II) as particularidades das mobilizações étnico-raciais na América Latina – focando nos movimentos negros –, a forma como diretrizes internacionais sobre pluralismo cultural são incorporadas nos Estados nacionais e como esse fato se relaciona com as demandas dos movimentos; III) como se conforma a discussão sobre "ações afirmativas" no Brasil com base nas articulações entre diferentes atores sociais.

(8.1)
Movimentos sociais e transnacionalismo

Começaremos por definir a expressão *movimento social*. A socióloga Maria da Glória Gohn (2002) o define como ações coletivas levadas a cabo por pessoas pertencentes a diferentes classes e camadas sociais, que realizam demandas socioeconômicas, políticas e culturais na esfera pública em relação a conflitos vivenciados na sociedade englobante e propõem reflexões e intervenções nessa realidade. Essas ações desenvolvem um processo social-político-cultural que cria uma identidade coletiva para o movimento, com base nos interesses em comum. Internamente, o princípio de solidariedade é o núcleo de articulação central entre os diferentes atores envolvidos, pautados em uma base referencial comum de valores e ideologias construídos na trajetória do grupo. Destacamos, seguindo Gohn (2002), que quando se fala de solidariedade não se quer dizer que os movimentos sejam internamente harmoniosos ou homogêneos. Ao contrário, existem inúmeros conflitos e divisões internas. Porém, a forma como se apresentam no espaço público cria um imaginário social de unicidade, uma visão de totalidade.

Gohn (2002) observa que os movimentos "têm como base de suporte entidades e organizações da sociedade civil e política, com agendas de atuação construídas ao redor de demandas socioeconômicas ou político-culturais que abrangem as problemáticas conflituosas da sociedade onde atuam". A forma como as demandas são codificadas varia segundo o contexto cultural e as forças sociopolíticas da conjuntura histórica em que o movimento está ocorrendo. Este é o ponto central para entendermos as ações afirmativas, demandadas pelo movimento negro brasileiro, dentro de uma conjuntura propícia, tanto nacional quanto transnacional, que lhes dá sentido.

Exemplos de movimentos sociais são o movimento de mulheres ou feminista, que luta pela igualdade entre homens e mulheres para acesso ao emprego, a espaços públicos – como partidos políticos, cargos nas esferas de governo etc. –, assim como pelo direito a decidir livremente sobre seu corpo, a maternidade e a sexualidade; o Movimento dos Sem-Terra (MST), que demanda a propriedade e o usufruto de terra para famílias despossuídas no âmbito rural; os movimentos de direito à moradia, que problematizam distribuição dos espaços urbanos quanto à habitação, entre outros.

No contexto latino-americano, a maioria desses movimentos surgiu ou se revitalizou a partir da década de 1980, levando em consideração que as décadas anteriores (particularmente de 1960 e 1970) foram marcadas pela imposição de regimes militares em quase toda a região. Assim, no processo de transição política para governos democráticos, os movimentos sociais latino-americanos passaram a expressar as lutas de segmentos historicamente discriminados (mulheres, indígenas, afrodescendentes, homossexuais, entre outros), sendo parte do processo geral pela democratização dessas sociedades e a reconquista dos direitos confiscados pelas ditaduras militares.

Nesse sentido é que surgem reivindicações individuais e coletivas centradas na noção de "cidadania", que impõem a construção de novas estratégias de ação. Se os movimentos sociais tradicionais e as organizações políticas de esquerda tinham como preocupação fundamental a modificação estrutural da ordem social, os chamados *novos movimentos sociais* tentam trabalhar no novo paradigma de democracia, fortalecido após o período da ditadura militar. Nesse cenário, grupos de filiações diversas disputam, na esfera pública, atenção por parte do Estado para suas demandas específicas ao se reconhecerem como detentores de direitos legítimos (Gohn, 2002).

A partir da década de 1990, apresentou-se um panorama um pouco diferenciado, sendo um momento de aprofundamento do processo econômico e técnico relacionado à expansão do capitalismo chamado de *globalização* e à implementação do neoliberalismo como política econômica nos países latino-americanos. Essas mudanças introduziram um tipo de relação entre Estado e sociedade civil, baseado numa concepção mínima de democracia, que subordinava certas responsabilidades, que antes eram interpretadas como sendo do Estado, a interesses privados. Nesse contexto, proliferaram organizações não governamentais (ONGs) na América Latina, que passaram a desenvolver ações tão variadas quanto a geração de renda em comunidades carentes; campanhas de prevenção de determinadas doenças; ações de combate à violência doméstica etc.

Muitos movimentos sociais constituíram ONGs, dentro de suas formas organizativas, com base em demandas pontuais nas populações representadas em suas ações coletivas, centrando seu trabalho em áreas específicas de atuação, assim como propondo intervenções em determinados espaços com um número limitado de público-alvo e com profissionais pagos para realizar seu trabalho. Nesse sentido, destacam-se as tendências à especialização e profissionalização que as ONGs impuseram nos movimentos sociais.

Um aspecto a ser destacado da conformação de ONGs é sobre as fontes de recursos. Elas passaram a depender cada vez mais de financiamentos externos, tanto internacionais quanto do Estado. Esse diálogo com entidades e organismos internacionais, como as Nações Unidas e as fundações e agências privadas de cooperação internacional, trouxe uma discussão sobre autonomia diante dos financiadores internacionais, gerando uma preocupação permanente a respeito da influência das agendas internacionais na formação dos problemas latino-americanos. Porém, a atuação específica das ONGs em diversos setores da sociedade junto a suas perspectivas transnacionais foi decisiva para inserir pautas contemporâneas nas políticas públicas dos Estados latino-americanos, pouco receptivos a tratar a temática racial como problema interno aos países da região, já que o racismo era considerado um "problema" dos Estados Unidos e da África do Sul, e não das sociedades da América Latina.

A questão é "do que falamos quando nos referimos ao transnacionalismo, e qual é a importância que ele tem para os movimentos sociais locais?"

Segundo o antropólogo Gustavo Lins Ribeiro (2000b), os processos de globalização criam ou intensificam a base econômica e tecnológica que torna possível a existência do TRANSNACIONALISMO, que se refere a práticas e relações que atravessam fronteiras nacionais e envolve a participação de atores não governamentais – como, por exemplo, movimentos sociais –, diferenciando-se assim dos processos "internacionais", que envolvem basicamente relações entre governos. As novas tecnologias de comunicação (como a internet), os contatos mais fluidos entre países e realidades distantes favorecem, entre outros fatores, as conexões entre movimentos sociais de diferentes países.

Nesse contexto, podemos ressaltar o que alguns cientistas sociais chamam de "globalização a partir de baixo", quer dizer, a conformação de uma "comunidade global" pela qual os povos historicamente oprimidos pelos Estados nacionais inscrevem suas identidades, tornando-as visíveis na ordem mundial, associam-se meio de fronteiras nacionais e oferecem resistência no plano local.

A globalização "a partir de baixo" é também, pelo menos em parte, uma resposta a outros processos que podem ser considerados parte de uma globalização "a partir de cima", que geralmente envolve as atividades de elites poderosas, as quais controlam corporações, mídia e finanças multinacionais. Nesse âmbito, é produzida uma reorientação das relações internacionais por meio da ação das agências financiadoras multilaterais, como o Banco Interamericano de Desenvolvimento (BID), a Comissão Econômica para a América Latina e o Caribe (Cepal), o Banco Mundial (BM), entre outras, chamadas pelo antropólogo Daniel Mato (2004) de *atores globais* – entidades que desenvolvem suas atividades além das fronteiras de seu país de origem (mesmo que respondendo a interesses de atores da sociedade em que surgiram, por exemplo, os Estados Unidos), e que em suas ações relacionam-se com diversos tipos de atores em outros países.

As políticas e os programas desses atores globais foram orientados, nos últimos anos, para o "alívio à pobreza" presente nos países da América Latina. Os próprios movimentos sociais muitas vezes criticam as representações que esses atores têm – somado às próprias representações que os governos têm sobre a pobreza e o desenvolvimento – sobre as populações beneficiárias, já que é criada uma noção de "vulnerabilidade" de determinados grupos, classificando-os de maneira estanque e, às vezes, de modo a essencializar determinadas categorias, em relação às quais são os atributos que as definem e, portanto, o que essas populações "merecem" ou não em termos de políticas e investimentos.

Uma visão crítica da transnacionalização dos movimentos sociais aponta que esse processo deveria ser pensado como ambíguo e instável, capaz, por um lado, de afirmar os direitos das minorias, mas também, por outro, de homogeneizar as culturas, achatando seus léxicos e valores, de maneira que possam entrar na disputa generalizada por recursos. Nessa crítica entraria a ideia de que pensar o Brasil como uma sociedade estruturada pelo racismo e sua reversão por meio de políticas de ação afirmativa seria uma imposição "global". Revisaremos essa questão à luz das particularidades latino-americanas de modo geral, para depois passar para o caso brasileiro, já que essa afirmação, como falamos no início do texto, simplifica uma realidade muito mais complexa.

(8.2)
Movimentos étnico-raciais na América Latina

Dentro dos movimentos sociais contemporâneos podemos ainda diferenciar os MOVIMENTOS ÉTNICO-RACIAIS, como os movimentos negro e indígena, entre outros. A palavra *étnico* se refere, segundo o antropólogo Frederik Barth (2003), a processos que envolvem discursos, práticas culturais, redes de relações e complexidade histórica que dão especificidade a um grupo social, diferenciando-o de outros grupos com base na crença em uma origem comum e no compartilhamento de atributos que são acionados como sinais diacríticos ou distintivos. A "raça", por exemplo, pode ser acionada como marca diferencial de um grupo, mas ela é entendida aqui como um canal de expressão de determinadas características sociais do grupo que a evoca, e não como um elemento naturalizado. Desse modo, relacionamos os termos *étnico* e *racial* para entender as demandas dos movimentos que reivindicam uma diferença baseada na descendência e que querem ver este fato reconhecido pelo Estado.

Historicamente, os grupos negros (e indígenas também) ocuparam um lugar desigual no espaço político e imaginado da nação brasileira e das nações latino-americanas de modo geral. Esse espaço foi constituído ao longo do século XX por meio de processos de branqueamento, quer dizer, na crença de que as pessoas de ascendência europeia, de cor branca, eram superiores às de ascendência africana e indígena, não brancas, assim como na produção de certo olhar que nega a existência dos grupos não brancos. No Brasil, isso ocorreu por meio da promoção de uma imagem de "democracia racial" na qual todos os segmentos da sociedade teriam os mesmos direitos e um acesso igualitário a estes, sem existirem desigualdades étnico-raciais.

Na atualidade, os movimentos negros e indígenas estão disputando uma visibilidade política na esfera pública latino-americana, realizando demandas por reformas no campo dos direitos, das políticas afirmativas e da autonomia cultural, que implicam o reconhecimento da dívida histórica do Estado para com esses grupos, seja como proprietários originais de terras, seja como sujeitos que sofreram os prejuízos da escravidão em sua trajetória familiar ou como vítimas do racismo na atualidade.

No caso da visibilidade política dos movimentos negros nas Américas, destaca-se a formação de redes ou alianças transnacionais como parte dos processos já mencionados de "globalização a partir de baixo", como a Rede de Mulheres Afro-Latino-Americanas, Afro-Caribenhas e da Diáspora e a Rede Continental de Organizações Afro, criadas na década de 1990, assim como a Aliança Afro-Latino-Americana e Caribenha, formada nos anos 2000, durante o processo preparatório para a Conferência de Durban. Essas articulações têm como objetivo pressionar os estados nacionais e os atores globais, mas também possuem uma dimensão identitária na criação de espaços para intercambiar experiências da diáspora africana nas Américas, pois, embora existam diferenças entre os países, há vivências culturais e de exclusão bastante parecidas entre as populações negras de todo o continente.

Podemos identificar, ainda, um contexto de consolidação de ideias do pluralismo cultural. A pressão internacional para que as nações – antes tidas como "homogêneas" em termos culturais – reconheçam a diversidade étnico-racial interna, assim como as demandas dos movimentos étnico-raciais locais, que provocaram, entre outros fatores políticos, reformas nas constituições em vários países, como Brasil (1988) e Colômbia (1991) – os quais passaram a reconhecer simultaneamente os direitos de suas populações negras e indígenas. Em outros casos, como o da Argentina, a Constituição de 1994 reconheceu os direitos dos povos indígenas. Assim, a questão do reconhecimento das nações como plurais em termos étnicos e culturais e as políticas reparatórias para com minorias historicamente desfavorecidas passaram a constituir "valores globais", no sentido de que os Estados, ao serem "avaliados", nivelem-se ao âmbito internacional no cumprimento dessas disposições.

Todas essas reconfigurações dos movimentos negros, das agendas dos Estados nacionais e dos atores globais consolidaram-se no processo acerca da Conferência de Durban em 2001. Criaram-se instrumentos jurídicos para serem aplicados nos diferentes Estados que assinaram a Declaração Final e o Plano de Ação, entre eles o Brasil.

A Conferência de Durban – terceira das Conferências Mundiais para o Combate ao Racismo e à Discriminação Racial organizadas pelas Nações Unidas[a] – constituiu-se em uma das expressões de transformação na percepção da natureza e reprodução social do racismo pelos órgãos defensores de direitos humanos. As desigualdades raciais passaram a ser vistas, nos últimos anos, como abusos dos direitos humanos não só relacionados aos regimes de Estado que oficializam a negação da cidadania plena de determinados grupos raciais (como o *apartheid* na África do Sul ou o sistema de segregação racial Jim Crow, no Sul dos Estados Unidos), mas também enquanto operação de mecanismos sociais – como a educação escolar, a seletividade no mercado de trabalho, a pobreza etc. – vinculados a um "ciclo cumulativo" de desigualdades raciais, como falaremos mais adiante para situar o Brasil (embora esse ciclo possa ser encontrado também nos outros países da América Latina). Essa mudança de percepção, que se deve em grande parte à luta dos movimentos sociais, está produzindo a expansão das garantias de direitos humanos com uma perspectiva étnico-racial, focando as complexas formas em que o racismo e a intolerância manifestam-se na atualidade.

Assim, com base no processo político de articulação transnacional em torno da Conferência de Durban, as reparações para com as populações negras da América Latina emergiram como eixo central na agenda global contra o racismo e como elemento chave da justiça social em escala mundial, tanto no discurso das Nações Unidas quanto das

---

a. As duas primeiras Conferências foram realizadas na Suíça, nos anos 1978 e 1983.

ONGs e movimentos sociais. Embora nas décadas anteriores as reparações e as ações afirmativas estivessem identificadas com o movimento negro dos Estados Unidos e sua luta pelos direitos civis, a América Latina se constituiu, nesse contexto, como principal *locus* nas Américas dos movimentos negros que efetuam propostas substanciais a favor da igualdade social e do pluralismo cultural por meio de políticas públicas.

Desse modo, o processo em torno da Conferência de Durban permitiu importantes reflexões sobre a ideia de reparação e de ações afirmativas nela embutida, conformando-se no ponto culminante para compreender suas atuais construções em escala transnacional e nos planos nacionais.

O que motiva as políticas de ação afirmativa como estratégia para corrigir uma história de desigualdades e desvantagens sofridas por um grupo étnico ou racial é a consciência de que estas tendem a se perpetuar se o Estado continuar utilizando os mesmos princípios ditos universalistas com que tem operado até agora na distribuição de recursos e oportunidades para as populações que contam com uma história secular de discriminação (Carvalho, 2005).

Se olharmos a definição de reparação como a aceitação por parte do Estado e da sociedade em geral da responsabilidade por um passado de opressão étnica e racial no processo escravista – julgado na Declaração Final da Conferência de Durban como um "crime de lesa humanidade" –, assim como pela reprodução de formas de desigualdade racial até a atualidade, no sentido de garantir a redistribuição de bens, direitos e poder e o reconhecimento de valores culturais dos afrodescendentes nas Américas, as ações afirmativas podem ser entendidas como práticas que buscam uma cidadania plena (social, civil, política, econômica e cultural) dos afrodescendentes.

(8.3)
Movimento negro e as políticas de ação afirmativa no Brasil

Segundo o historiador Marcos Cardoso (2001), o movimento negro – como movimento social – agregou, a partir da década de 1970, o racismo ao horizonte das lutas sociais, trazendo para a cena política os debates sobre discriminação e identidade racial como marcas distintivas em relação aos demais movimentos. Conformado por militantes oriundos do movimento de mulheres, do movimento sindical e de outros movimentos populares, de setores religiosos, de partidos políticos, de núcleos universitários etc., destaca-se a pluralidade do movimento negro contemporâneo, o que torna bastante complexas as relações, na medida em que essas diferentes origens expressam diferentes concepções e interpretações da realidade.

Do ponto de vista do movimento, a "raça" é valorizada como a percepção racializada de si mesmo e do outro, significando a base de um projeto político antirracista. Trata-se de uma reconstrução da negritude com base na rica herança africana – a cultura afro-brasileira do candomblé e do batuque, da capoeira etc. – e também da apropriação do legado cultural e político do "Atlântico Negro", isto é, do Movimento pelos Direitos Civis nos Estados Unidos, da renascença cultural caribenha, da luta contra o *apartheid* na África do Sul etc. (Guimarães, 2005).

Paralelamente, alguns sociólogos, como Carlos Hasenbalg e Nelson do Valle e Silva (1979), elaboraram a tese de que as desigualdades sociais no Brasil estão ligadas à reprodução do "ciclo cumulativo" das desigualdades raciais. Como ressalta o cientista social Marcio Santos (2005b), tal mecanismo de racismo institucional destina a população negra (considerada a somatória das categorias "preto" e "pardo" do IBGE) a um padrão de vida basicamente semelhante às gerações antecessoras, ou seja, praticamente todos os índices sociais permanecem desfavoráveis, diferentemente do que ocorre com parcela significativa da população branca. Essa tese transformou-se em uma das bases do movimento negro para demandar políticas públicas que focalizem a temática racial, para criar "oportunidades iguais" para os cidadãos negros.

Podemos marcar três momentos importantes para pensar a construção de interlocução entre o movimento negro e o Estado no Brasil, em termos da ampliação e alcance da cidadania entre a população negra. O primeiro deles deu-se no cenário do ano de celebrações do centenário da Abolição da Escravidão, em 1988, paralelamente à aprovação da nova Constituição. A Assembleia Constituinte apresentou um avanço em matéria de direitos, como o artigo que declara o racismo um crime sujeito à pena de reclusão, e o que garante direitos étnicos às comunidades afro-brasileiras remanescentes de quilombos.

O segundo momento a ser ressaltado é a *Marcha Zumbi dos Palmares contra o racismo, pela cidadania e a vida*, organizada pelo movimento negro e realizada em Brasília em 1995, tendo como resultado a criação, por decreto presidencial, do Grupo de Trabalho Interministerial para a Promoção da População Negra (GTI). Como analisa Marcio Santos, tal grupo se propunha a estabelecer canais de interlocução política entre todos os ministérios, chamando a atenção para a responsabilidade e a urgência de políticas voltadas à superação das desigualdades raciais. Porém, o GTI não contou com os recursos financeiros necessários a seu pleno funcionamento, tornando-se inativo pouco após sua criação (Santos, 2005b).

No ano de 1996, como produto derivado do GTI, aconteceu, no âmbito do governo, o primeiro debate sobre ações afirmativas, no seminário internacional *Multiculturalismo e racismo: a ação afirmativa nos estados democráticos*. Organizado pelo Ministério da Justiça, o seminário reuniu especialistas em relações raciais a fim de debaterem sobre a implementação de políticas de ação afirmativa no contexto brasileiro.

O terceiro momento foi marcado pela Conferência de Durban, em 2001, quando foi recolocada a discussão do racismo e da necessidade de políticas públicas orientadas à população negra, sendo que nesse contexto as ações afirmativas passaram a constar nas agendas internacionais e nacionais. Um reflexo da conferência foi a criação da Secretaria Especial de Políticas de Promoção da Igualdade Racial (Seppir), em 2003, e a proposição de uma política de promoção da igualdade racial.

A orientação da Seppir é coordenar ações integradas com os demais ministérios. Sua atuação tem se concentrado nas áreas de educação, saúde e direitos das comunidades quilombolas, além de ações no campo da diversidade cultural e religiosa, mercado de trabalho e relações internacionais, desenvolvendo programas e PROJETOS TRANSVERSAIS, ou seja, um conjunto de ações que perpassam todas as áreas da administração pública. Chamamos atenção para o fato da transversalidade, no sentido de debater a ideia do senso comum de que as cotas para o ingresso nas universidades constituiriam o único tipo de ação afirmativa existente.

No que diz respeito à educação, um conjunto de ações articuladas com o Ministério da Educação tem enfatizado a implementação da Lei nº 10.639/2003, que torna obrigatório o ensino de história e cultura afro-brasileira e africana na rede de ensino fundamental e médio[b], assim como a ampliação do acesso da população negra ao ensino superior. A política de cotas nas universidades brasileiras ganhou legitimidade nacional pela proliferação de universidades que estão adotando ações afirmativas. Atualmente, cerca de 50 universidades públicas (federais e estaduais) contam com o sistema de reserva de vagas, combinando, segundo o caso, reserva para negros, indígenas e estudantes oriundos de escola pública.

(.)

Ponto final

Ao longo do texto deste capítulo, tentamos mostrar as transformações dos movimentos sociais e de sua relação com o Estado e com atores globais em tempos de globalização. O surgimento de ONGs como formato organizativo, dentro dos movimentos sociais, abriu espaço para críticas quanto às suas relações com atores globais, mas também foi um fenômeno importante para a inclusão de perspectivas transnacionais nas políticas públicas dos países latino-americanos, entre elas, a perspectiva étnico-racial para pensar a desigualdade social na região.

Duas dimensões da globalização foram ressaltadas: uma constituída "a partir de baixo", na articulação de movimentos sociais de diferentes países para pressionar tanto estados

---

b. Lei nº 10.639, de 9 de janeiro de 2003. Pode ser consultada, na íntegra, no site: <http://www6.senado.gov.br/legislacao/ListaPublicacoes.action?id=236171>.

nacionais quanto atores globais para o reconhecimento de uma cidadania plena, tanto cultural quanto de oportunidades mais igualitárias de acesso a bens e direitos; e outra "a partir de cima", em que atores com poder de decisão sobre as realidades dos grupos historicamente discriminados criam noções e práticas que os colocam como "vulneráveis", classificando-os de maneira estanque em relação aos atributos que os definem e, portanto, o que essas populações "merecem" ou não em termos de políticas e investimentos – fato que não é aceito de maneira passiva pelos movimentos sociais – e produzindo respostas em relação a essas definições estanques.

Identificamos, ainda, um contexto de consolidação de ideias do pluralismo cultural, manifesto pela pressão de atores globais e dos movimentos articulados transnacionalmente, para que os Estados atendam à diversidade étnico-racial interna. Esses fluxos criaram um espaço propício para que os debates sobre reparações, reconhecimento cultural e ações afirmativas acontecessem nos países da América Latina – antes tidos como livres de racismo e homogêneos culturalmente – e ganhassem sentido especial no atual mundo global, particularmente após a Conferência de Durban, que consolidou os pactos internacionais e o compromisso dos Estados, os quais assinaram a Declaração Final e o Plano de Ação, entre eles o Brasil.

Enfim, podemos ver que, tanto pela profundidade no tempo da discussão – pelos diferentes momentos de articulação entre o movimento negro brasileiro e o Estado – quanto pela abrangência transnacional, falar hoje de ações afirmativas no Brasil não parece uma simples imposição global, e, sim, o produto de um processo social complexo.

Indicação cultural

GUIMARÃES, Antonio Sérgio Alfredo. *Racismo e antirracismo no Brasil*. 2. ed. São Paulo: Ed. 34, 2005.

O livro aponta interessantes reflexões do ponto de vista das ciências sociais sobre os conceitos de raça, racismo e relações raciais e sua gênese histórica no Brasil, assim como a conformação de uma agenda antirracista transnacional, que inclui, na atualidade, as ações afirmativas entre suas estratégias políticas. Pensar o racismo no Brasil e na América Latina em termos de sua própria história leva o autor a tomar partido das ações afirmativas.

Atividades

1. A experiência do transnacionalismo transformou os movimentos sociais no sentido de:
   a. diminuir sua visibilidade em âmbito nacional.
   b. aceitar sem críticas os efeitos da globalização.
   c. fomentar uma maior conexão por meio da criação de redes para pressionar os Estados nacionais.
   d. não reconhecer direitos.

2. O transnacionalismo dos movimentos étnico-raciais contribuiu para que, nas sociedades latino-americanas:
   a. os Estados adotassem políticas que nada tinham a ver com as realidades dos países da região.
   b. os Estados refletissem sobre a necessidade de reconhecimento da pluralidade cultural e de tomar medidas afirmativas para as populações que foram afetadas historicamente pelo racismo e pela discriminação étnica e racial.

c. não se discutisse o tema do racismo.
d. se reafirmasse a existência de democracia racial.

3. As ações afirmativas no Brasil:
   a. são políticas públicas que visam reparar grupos étnicos e raciais, criando oportunidades mais igualitárias para o acesso a determinados bens e direitos, assim como o reconhecimento cultural, reivindicado pelo movimento negro em aliança com outros atores da sociedade nacional.
   b. formam parte de uma imposição global, baseadas no modelo do antirracismo estadunidense.
   c. surgiram com base na ideia espontânea do Estado.
   d. são aceitas amplamente por todos os segmentos da sociedade nacional.

(9)

Narrativas migratórias:
estudantes africanos no Brasil

Daniel Ángel Burgueño Etcheverry é bacharel em Ciências Sociais (2004), mestre (2007) e doutor (2011) em Antropologia Social pela Universidade Federal do Rio Grande do Sul (UFRGS).

Tania Rejane Saraiva Schneider é licenciada (2007) e bacharel (2008) em Ciências Sociais pela Universidade Federal do Rio Grande do Sul (UFRGS).

Daniel Ángel Burgueño Etcheverry
Tania Rejane Saraiva Schneider

Os fenômenos migratórios contemporâneos são muito diversificados[a]. Novas configurações sócio-históricas, políticas, econômicas, culturais e demográficas, entre outras, têm surgido permeando a compreensão dessa temática de análise com base em novos cenários, movimentando uma grande diversidade de agentes sociais e novos

---

a. Para uma definição mais detalhada do fenômeno migratório contemporâneo e suas nuances, ver o Capítulo 4, escrito por Fanny Longa Romero, neste volume.

sujeitos de direito e empíricos. Nessa perspectiva, o estudo dos fluxos migratórios atuais deve ser pensado como um crescente campo de possibilidades, que coloca em contato pessoas de diversas partes do mundo, em contextos legislativos nacionais e regionais em constante transformação.

A vinda de estudantes africanos com o propósito de realizar o curso superior no Brasil, nos dias atuais, obedece a essa nova dinâmica mundial. Dinâmica diferente, tanto das migrações forçadas de africanos no início do século XVI quanto das migrações europeias concomitantes e posteriores, visto que ambas podem ser pensadas hoje como fundadoras de um sentimento e de uma identidade nacionais.

Entender as motivações que levam esses sujeitos a procurarem o Brasil, e não outro país para levar adiante seus estudos, nos dá indícios dos recursos acionados para dar sequência aos projetos de constituição de novos sujeitos, assim como as concepções que são construídas com base em suas experiências de alteridade em contextos sócio-históricos determinados. Nesse sentido, é necessário levar em conta as diversas formas de categorização e identidades que impingem sobre essas pessoas e que eles mesmos poderão acionar nos contextos de interação com os nacionais e com as instituições brasileiras.

Isso tudo implica a necessidade de levarmos em conta quais são as forças atuantes nos contextos dessa integração, seja regional ou, como nesse caso, histórico-linguística. É preciso considerar, ainda, como se foi construindo o jogo político que insere o Brasil nesses processos ou qual a importância, para o Brasil, da adoção dessas novas políticas de intercâmbios transnacionais. Finalmente, o que está em jogo com a implementação dos acordos bilaterais ou regionais dos quais o Brasil é signatário, dentre eles os que possibilitam a vinda de estudantes africanos a nosso país?

Além disso, não devemos deixar de pensar o caso das migrações de estudantes africanos fora do contexto migratório mais amplo, que tem o Brasil como país de acolhida. Quais os fluxos migratórios que têm o Brasil como destino? Qual é o lugar das migrações de estudantes em geral?

(9.1)
Antecedentes históricos: Brasil/África

Vários processos sócio-históricos marcaram, ao longo do tempo, as relações do Brasil com alguns países da África. O primeiro, e talvez o mais longo, visto que se estendeu por três séculos, foi o tráfico de escravos – que teve início no século XVI e terminou no fim do século XIX com a Abolição da Escravatura. O segundo processo ocorreu com o regresso de alguns desses ex-escravos à "terra natal", ou à terra de seus antepassados, principalmente Benim. Depois desses episódios, houve um distanciamento nas relações do Brasil com a região do continente africano denominada *África Subsaariana*.

A África Subsaariana corresponde à região do continente africano ao sul do Deserto do Saara. De forma mais efetiva, podemos dizer que o Deserto do Saara divide o continente africano em duas partes bastante distintas: ao norte, encontram-se países com uma organização socioeconômica bastante semelhante à do Oriente Médio e, ao sul, a chamada *África Negra*. Essa parte da África é bastante diversificada etnicamente, sendo reconhecidos na região mais de 1.500 línguas e dialetos distribuídos em 47 países. Além dos dialetos comuns a cada etnia, inglês, francês e português são idiomas falados na África, resultado do domínio colonial a que alguns países do continente estiveram submetidos. Assim, podemos citar como exemplo Cabo Verde, Guiné-Bissau e Moçambique, países cujo idioma oficial é o português, que, embora não sejam os únicos, são os lugares de origem da maioria dos estudantes africanos presentes nas Instituições de Ensino Superior (IES) hoje no Brasil.

A reaproximação das relações entre o Brasil e a África Subsaariana aconteceu após a implementação da política externa independente, criada pelo governo brasileiro a partir de 1960. A criação dessa política, segundo Kaly (2000), teve como principal objetivo desatrelar a diplomacia brasileira dos interesses norte-americanos. Essa reaproximação permitiu ainda que jovens africanos, oriundos de países que haviam conquistado recentemente sua independência, pudessem migrar para o Brasil. A abertura política possibilitou, dessa forma, a assinatura de acordos de cooperação cultural e técnica com alguns países da África lusófona, onde a língua oficial é o português, tornando possível a vinda, ainda que tímida, dos primeiros estudantes africanos para estudar no Brasil. Com isso, contrariamente aos imigrantes forçados dos tempos da escravidão, esses novos migrantes temporários e/ou voluntários começaram a chegar ao país impulsionados pela possibilidade da conquista de um diploma universitário.

A primeira turma de africanos que veio para o Brasil na década de 1960 era constituída por um grupo de apenas 16 estudantes oriundos de Senegal, Gana, Camarões e Cabo Verde. Embora o Programa de Estudantes Convênio de Graduação (PEC-G), implementado pelo governo brasileiro, tenha chegado à África já no final de 1970, até o fim de 1980 a presença desses estudantes no Brasil ainda era pouco significativa. Esse fato ocorreu devido às limitações migratórias impostas por governos socialistas a alguns países. Desse modo, somente a partir da década de 1990, depois do final da Guerra Fria, este cenário começou a mudar em alguns países africanos (Kaly, 2000).

Assim, com a menor interferência do governo desses países nas decisões relativas à educação da população, e em virtude da crescente presença da sociedade civil organizada (ONGs, instituições religiosas) agindo como reguladores dos processos de implementação da democracia, foram abertos espaços para a criação de novos modelos de intercâmbios culturais, permitindo, com isso, um aumento substancial na migração estudantil africana para outros países, inclusive para o Brasil (Mongoi, 2006).

Embora existam diferentes formas de inserção desses estudantes estrangeiros nas universidades brasileiras, seja pelas Organizações Não Governamentais (ONGs), seja por meio de instituições religiosas, atualmente uma das principais formas de acesso do estudante africano no Brasil é pela cooperação cultural baseada em programas desenvolvidos pelo Governo Federal, denominados "Programa de Estudante Convênio de Graduação" (PEC-G) e "Programa de Estudante Convênio de Pós-Graduação" (PEC-PG), cujo objetivo é permitir que cidadãos oriundos de países que possuem acordos bilaterais com o Brasil no setor educacional possam ter acesso a vagas em IES federais e estaduais.

No contexto atual, em que muitos países da África enfrentam problemas de ordem social e econômica, resultado de sua recente independência política, a imigração estudantil de jovens do continente africano para outros países torna-se condição necessária para que estes tenham oportunidade de cursar o ensino superior. As dificuldades para estudar em seus países de origem são decorrentes principalmente da escassez de pessoal docente, como também pelo número reduzido de IES.

Alem da África, estudantes oriundos da América Latina e do Caribe também participam de programas governamentais desenvolvidos pelo Ministério da Educação em parceria com o Ministério das Relações Exteriores. No entanto, o número de estudantes latino-americanos, pelo menos na graduação, tem sido consideravelmente menor, contrariando outras formas de migração de países latino-americanos ao Brasil, as quais têm crescido consideravelmente. Para exemplificar, no ano de 2006, dos 717 estudantes de graduação selecionados para participar do PEC-G no Brasil, 589 (82,1%) eram procedentes do continente africano.

(9.2)
Estudantes estrangeiros: migrações diferenciadas

As migrações estudantis são diferentes principalmente porque possuem um limite de tempo definido pelo convênio ao qual o estudante está vinculado. Neste caso, o limite é estabelecido baseado principalmente pelo período relativo à duração do curso pretendido. Ou seja, tão logo o estudante conclua os estudos, é esperado que ele retorne a seu país de origem, embora em alguns casos isso não ocorra, pois muitos decidem continuar seus estudos. Além disso, as regras do convênio firmado não permitem que os estudantes temporários exerçam função remunerada no Brasil enquanto portadores de visto especial. Desse modo, podemos dizer que essas migrações estudantis diferem de outras, tais como as laborais e as forçadas – influenciadas por guerra, conflitos étnicos ou religiosos, desastres naturais ou processos de violência –, porque são regulamentadas por políticas educacionais, por via diplomática, no âmbito do Governo Federal.

É do conhecimento comum que, como resultado dos processos de globalização, as distâncias espaciais parecem diminuir. Isso ocorre principalmente devido ao ritmo acelerado no fluxo de informações, práticas, mercadorias e saberes no mundo atual. Contudo, é importante lembrarmos que a globalização não é um fenômeno que ocorre da mesma forma em todos os lugares, embora a ideia de que possamos estar em qualquer lugar a qualquer momento pareça contribuir para o deslocamento cada vez mais intenso de indivíduos em busca de oportunidades de trabalho ou estudo. Esse fato é percebido na observação de que houve um aumento gradativo no número de estudantes estrangeiros que procuraram instituições de ensino brasileiras, para formação acadêmica completa ou parcial, nos últimos anos. Exemplo disso pode ser visto no contexto da UFRGS: no primeiro semestre de 2004, havia 34 alunos do programa PEC-G matriculados; no segundo semestre de 2006, apenas dois anos depois, o número subiu para 94 alunos inseridos na universidade por meio deste mesmo programa[b].

---

b. Os dados empíricos foram retirados da pesquisa *O estudante estrangeiro na UFRGS*, realizada por Tania Schneider, licenciada em Ciências Sociais pela UFRGS, durante 2006 e 2007. O trabalho é parte de um projeto maior de pesquisa intitulado *Identidades e passaportes: os mediadores do acolhimento ao imigrante*, coordenado pela professora doutora Denise Fagundes Jardim, do Programa de Pós-Graduação em Antropologia Social da UFRGS (PPGAS).

Entretanto, devemos lembrar que a qualidade de estudante estrangeiro diz respeito a uma transitoriedade, a um projeto que tem um tempo previamente limitado pela duração do curso para se concretizar. Embora isso possa ou não se confirmar com o passar do tempo, o tempo preestabelecido da imigração temporária diferencia os estudantes estrangeiros dos outros migrantes, independentemente de seu lugar de origem, sendo de grande importância na caracterização do imigrante por motivos estudantis. Por estar inserido num contexto de formalidade, em que sua entrada e saída estão, em princípio, pautadas pelas normativas institucionais, ele não se constitui em um sujeito transgressor. Isso implica, também em princípio, que sua permanência no país não pode ser pensada como uma decisão individual, mas como resultado de um contexto de oportunidades que são oferecidas pelo poder do Estado para negociar suas relações internacionais.

(9.3)
Formação da identidade dentro do processo de intercâmbio cultural da imigração temporária

O intercâmbio cultural leva à formação de uma identidade "negociada", decorrente da convivência de diferentes grupos num espaço social comum; isto contribui para os processos de mudança e de continuidade dessas identidades.

A identidade do estrangeiro, estudante ou não, e independentemente de sua origem, é uma constante negociação entre representações coletivas e experiências pontuais e pode estar relacionada à posse de um ou vários passaportes ou nacionalidades, como mostra Jardim (2003) no caso dos palestinos, ou a questões de raça e cor, como é o caso desses estudantes africanos. Embora a literatura sobre estudantes estrangeiros na atualidade seja escassa, podemos afirmar que a problemática identitária do estudante estrangeiro comparte alguns aspectos com a do imigrante, mas não deve ser confundida com ela.

A identidade do estudante africano começa a ser negociada já no momento de sua chegada ao Brasil e à universidade. Para esses estudantes, o impacto de ser englobado ou reconhecido como um africano, em vez de nacional de um país específico dentro de um continente que o abrange, ganha contornos muitas vezes dramáticos. Não se trata, muitas vezes, na visão do outro, de estudantes senegaleses, ganeses ou cabo-verdianos, senão de estudantes africanos. Porém, o sentimento de desconforto causado pelo não reconhecimento de sua nacionalidade acaba por ser aceito com o tempo, sendo substituído pelo orgulho do pertencimento a um grande continente, um lugar em comum.

Outro estranhamento ocorre pela constatação de que existe racismo no Brasil, o que muitas vezes é motivo de decepção por parte dos africanos, uma vez que este país, para muitos, é uma referência de democracia racial. O racismo presente na sociedade brasileira faz com que alguns estudantes façam questão de serem identificados como africanos, já que essa identidade, uma vez acionada, permite que não sejam confundidos com afro-brasileiros – quase sempre vítimas de preconceito –, garantindo, assim, um tratamento mais respeitoso, principalmente em lugares públicos como lojas ou supermercados.

Mas a questão fenotípica é portadora e provocadora de ambiguidades, sobretudo quando associada a sotaques ou formas de se vestir e andar. Como e em que medida os preconceitos e as identidades que *a priori* recaem sobre os afro-brasileiros ou sobre os estrangeiros são capazes de determinar as formas de relação entre nacionais – sejam brasileiros ou de qualquer outra nacionalidade – e pessoas preconcebidas como diferentes? Quais as possibilidades de contornar essas representações *a priori* e quais as estratégias utilizadas, no cotidiano, pelos estudantes, africanos – que é o caso que nos ocupa – para construir uma identidade de estrangeiro, africano e estudante, de forma que lhes seja vantajoso? De que maneira questões relativas à língua ou a diferenças de gênero interferem nessa negociação identitária?

A fluidez da comunicação entre estrangeiros, estudantes ou migrantes em geral é frequentemente interrompida, ou dificultada, em situações pontuais desencadeadas pelo sotaque, o qual comumente leva a uma associação com noções preconcebidas do "outro" (Etcheverry, 2007). No caso dos estudantes africanos, pode até ser vantajoso ter um sotaque, no sentido de diferenciá-los dos afro-brasileiros e, assim, ajudá-los a lidar com o preconceito de que já falamos anteriormente.

Entretanto, o sotaque revela sempre uma qualidade de estrangeiro, e junto com ele vêm todas as associações comumente feitas com o fato de não ser natural do lugar. Isso nos remete à constante necessidade de negociar a identidade de estrangeiro, de africano, de estudante. O sotaque, um elemento sempre presente na interação, detona um estranhamento inicial e põe em funcionamento um conjunto de representações associadas ao ser estrangeiro que, no percurso da interação, serão ou não confirmadas, mas que inexoravelmente apontam para a necessidade de acionar identidades apropriadas à situação.

(9.4)
Estudantes africanos e identidade de gênero

O termo *gênero* faz parte do vocabulário corrente da antropologia e refere-se à construção social do que é feminino e do que é masculino. O conceito de gênero enfatiza também que essas construções são sociais e simbólicas, de caráter cultural e histórico, e não baseadas em determinações biológicas ou em papéis sociais, mas imbricadas num sistema de interações entre masculinidades e feminilidades.

À luz desse conceito e com base na constatação de uma nova visibilidade feminina dentro dos novos processos migratórios internacionais, e tomando como exemplo concreto a Universidade Federal do Rio Grande do Sul, onde há uma presença significativa de estudantes africanas, podemos perceber que homens e mulheres vivem a imigração de forma diferenciada. De um modo geral, é possível verificar algumas diferenças, principalmente no comportamento, mais arredio por parte dos homens. Estes procuram basicamente construir sua rede social junto a outros estudantes africanos, de preferência do mesmo país de origem, enquanto as mulheres são mais receptivas e costumam se relacionar com mais facilidade com professores e colegas de outras nacionalidades. Esse comportamento diferenciado pode ser observado tanto em situações sociais, como festas ou competições esportivas, quanto em situações do dia a dia, como no convívio em sala de aula ou em restaurantes universitários.

Apesar da maior facilidade em construir redes de solidariedade, muitas vezes acionada para resolver problemas de ordem prática, as estudantes africanas encontram dificuldades em manter relacionamento afetivo com alguém que não seja do mesmo país de origem. Muitas alegam que essas dificuldades são decorrentes das diferenças culturais. Por outro lado, para os estudantes do sexo masculino, isso não é um impedimento. Existem ainda outros conflitos sobre atitudes e costumes, tidos como naturais na sociedade de origem, que acabam sendo trazidos por eles, como o fato de o homem se relacionar com mais de uma mulher. Esse comportamento masculino costuma ser posto em xeque pelas estudantes brasileiras.

De que forma, então, a inserção numa nova sociedade e o conjunto da experiência migratória influenciam as relações entre esses homens e mulheres? Para além dessa questão, o que é possível deduzir é que a experiência migratória em si, ou o contato com o "outro", é capaz de trazer à tona questionamentos sobre os papéis masculino e feminino e, em termos mais gerais, de avaliar o próprio posicionamento em face das novas experiências.

Logicamente, as tentativas, conscientes ou não, de reverter uma ordem e posições e valores dados, não constituem uma particularidade do fenômeno migratório. Entretanto, a possibilidade de se pensar essa subversão fora dos limites impostos por uma territorialidade, levando os sujeitos a extrapolarem suas possibilidades de experiência e ação individuais e coletivas, acrescenta um novo elemento. Isso leva à relativização das experiências de ruptura com que se deparam os que migram, seja por qual motivo o fazem.

Pensar o deslocamento implica também pensar em novas formas de conhecer e se perceber no mundo; avaliar a própria trajetória implica levar em conta como as transformações dessas formas de ver e se ver relacionam-se ao deslocamento geográfico e social. Assim, o deslocamento abandona, por alguns momentos, sua determinação temporal, para se voltar à perspectiva a partir da qual o ato de rememorar e falar sobre a experiência em uma terra estrangeira revela os diversos sentidos e compreensões que foram se forjando ao longo de uma trajetória. Nesse sentido, podemos afirmar a riqueza da experiência migratória enquanto reveladora de novas possibilidades e instigadora de novas formas de posicionar-se frente às questões que pareciam "naturais" antes da partida.

(9.5)
Estudantes africanos e questões de corpo e saúde

É importante entender as questões relativas ao corpo porque é por meio dele que construímos nossa relação com o mundo. Essa relação acontece não apenas em atividades perceptivas, mas também de uma forma simbólica, seja na expressão de sentimentos, por meio de cerimoniais, de gestos, da aparência, seja até mesmo na demonstração de prazer e de dor. Podemos dizer também que o corpo é, de certa forma, um lugar de ambiguidade, pois, ao mesmo tempo que nos individualiza e distingue como indivíduos, também é fator de conexão e inserção na sociedade. Desse modo, entender os sentidos simbólicos dados ao corpo e o que ele representa pode ser uma boa pista para que possamos entender a dinâmica dos grupos sociais e suas formas de inter-relações com o mundo que os cerca.

Partindo dessa concepção mais geral de corpo em relação aos padrões impostos pela sociedade, podemos dizer que o estudante africano preocupa-se em estar dentro dos padrões esteticamente aceitos pela sociedade. Por outro lado, causa estranhamento ao estrangeiro o jeito informal de o estudante brasileiro se vestir na universidade, com o uso de bermudas e sandálias durante o período de aulas. Além disso, o fato de fazer dieta e estar magro, praticar esportes, usar roupas da moda ou, no caso das mulheres, cuidar muito bem dos cabelos, mais do que simples vaidade, constitui estratégia de inserção social, na procura por um lugar de pertença social por parte dos estudantes africanos.

Entretanto, a preocupação mais recorrente da maioria dos estudantes é manter-se saudável. O maior receio deles é ficarem doentes em um país estrangeiro, o que ocorre com certa frequência, principalmente no inverno, quando as baixas temperaturas fazem com que muitos sofram com gripes, resfriados e fiquem com a pele ressequida. Além disso, a alimentação diferente faz com que muitos enfrentem enjoos nos primeiros tempos no Brasil.

A doença toma aspecto dramático para os estudantes que não possuem planos de saúde privados. Os que vivem situação pior são aqueles que fazem parte dos programas de convênio PEC-G ou PG – formado por jovens com poucos recursos financeiros – e pela fragilidade do próprio programa – que não lhes garante outra coisa senão a vaga gratuita na universidade. Nos últimos anos, esses programas passaram a garantir atendimento médico junto ao Sistema Único de Saúde (SUS). A despeito da universalidade do sistema de saúde no Brasil, vários estudantes relatam haver sido recusados ou negligenciados pelo SUS, pelo fato de serem estrangeiros ou por terem dificuldade de se expressar em português.

(.)
Ponto final

Neste capítulo, demonstramos que a vinda de estudantes africanos para o Brasil acontece há várias décadas, porém, a presença destes estudantes tem-se intensificado nos últimos anos devido aos novos tratados de cooperação internacional assinados entre o Brasil e alguns países, não só do continente africano, mas também da América Latina e do Caribe.

A decisão de estudar fora do próprio país é comumente pensada como uma opção individual. Entretanto, cabe lembrar que, como aponta Gilberto Velho (1999), todo projeto de vida é construído tendo o coletivo como referência. Assim, se por um lado estudar fora pode responder aos desejos de superação do sujeito, cabe também pensar se esse projeto não faz parte de um investimento familiar que privilegia alguns membros da família em detrimento de outros. Algumas reflexões sobre o estudo das migrações apontam que não é qualquer membro da família que pode migrar. Ou seja, a migração, por estudos ou não, é frequentemente resultado de uma decisão familiar, em que alguns indivíduos são apontados como mais capazes para levar adiante um projeto, com base em suas características pessoais.

Além disso, seria possível para essas pessoas estudarem fora se não fosse a permissão ou encorajamento de certa organização conjunta, envolvendo decisões no âmbito das nações? Tão ou mais visivelmente que no Brasil, na Argentina o número de estudantes estrangeiros está em franco crescimento há vários anos. As negociações do MERCOSUL ajudam isso, mas são recorrentes na fala dos estudantes as vantagens econômicas de se estudar fora. Por isso, não devemos esquecer que por trás de cada estudante estrangeiro há, sem dúvida, um marco político e econômico e uma conjuntura familiar e social condicionando as opções de vida de todos os sujeitos, tanto dos que saem de casa quanto dos que nela permanecem.

Indicação cultural

ROCHA, Everardo P. Guimarães. *O que é etnocentrismo*. São Paulo: Brasiliense, 1999. p. 7-22. (Coleção Primeiros Passos).

O texto nos ajuda a pensar nosso preconceito em relação ao "outro", ao diferente. O etnocentrismo, além de privilegiar um universo de representações, propondo-o como modelo, reduz à insignificância os demais universos e culturas "diferentes" e implica percepções de superioridade: minha cultura é a verdadeira, correta, a única possível, a melhor, a natural.

Atividades

1. De acordo com o texto, podemos afirmar que as imigrações estudantis podem ser consideradas peculiares. Por quê?
   a. Porque diferenciam-se de outras migrações pelo caráter cultural, já que os estudantes estrangeiros que fazem parte desse contexto são inseridos nas universidades somente por meio dos programas PEC-G e PEC-PG.
   b. Porque são migrações de caráter temporário e resultado de várias mediações, que envolvem desde questões do âmbito familiar até políticas governamentais.

c. Porque não são geradoras de conflitos de identidade e criam dificuldades de adaptação desses estudantes temporários com os estudantes locais.
d. Porque diminuem as distâncias espaciais entre os continentes.

2. Que outras categorias identitárias intervêm no contexto relacional estudante africano/estudante nacional, de acordo com o texto?
   a. Gênero e país de origem.
   b. Nacionalidade e idade.
   c. Cor, idade e situação econômica.
   d. Gênero e cor.

3. Estudar em um país estrangeiro é, segundo o texto:
   a. uma decisão meramente individual.
   b. um projeto de vida construído, tendo um coletivo como referência e mediado pelos contextos políticos e econômicos, nacionais e internacionais.
   c. um ato fortuito do qual os sujeitos devem se orgulhar.
   d. algo a ser pensado cuidadosamente, considerando as possíveis situações de preconceito.

(10)

Multiculturalismo
e interculturalidade

Ana Paula Comin de Carvalho

Conforme aponta o educador Reinaldo Matias Fleuri (2003), a globalização da economia, da tecnologia e da comunicação intensifica as interferências e os conflitos entre grupos sociais de diferentes culturas, principalmente no atual cenário internacional, marcado por ações políticas de caráter belicista protagonizadas pelas nações hegemônicas e por formas de terrorismo desenvolvidas por organizações fundamentalistas.

Segundo o antropólogo argentino Nestor Garcia Canclini (2007), em meio aos novos confrontos geopolíticos e geoculturais, dentro e fora dos acordos de livre comércio e de integração econômica, temos de indagar quem são os outros que nos interessam ou nos aceitam, com os quais vale a pena intensificar as relações ou os intercâmbios.

O psicólogo italiano Giuseppe Mantovani (2004) identifica dois movimentos complementares de trocas culturais que coexistem na atualidade globalizada. De um lado temos os modelos culturais, valores e modos de vida das culturas economicamente predominantes que são impostos globalmente, configurando um movimento migratório cultural do centro para a periferia. De outro temos um movimento contrário de pessoas, das periferias em direção aos países centrais, o que acirra as lutas por reconhecimento de identidades minoritárias.

É nesse contexto de coexistência forçada com o "outro" e de emergência de situações-limite de tolerância que se inserem os debates sobre o multiculturalismo e a interculturalidade que conheceremos em maior profundidade neste capítulo.

(10.1) Multiculturalismo

De acordo com o teórico cultural jamaicano Stuart Hall (2003), o termo *multicultural* é qualificativo e descreve as características sociais e os problemas de governabilidade apresentados pelas sociedades nas quais diferentes comunidades culturais convivem e tentam construir uma vida em comum, ao mesmo tempo em que retêm algo de sua identidade "original". Em outras palavras, tem sido uma categoria empregada para indicar uma realidade de convivência entre diferentes grupos culturais num mesmo contexto social.

O MULTICULTURALISMO, por sua vez, seria um termo substantivo que se refere às estratégias e políticas adotadas para governar ou administrar problemas de diversidade e multiplicidade gerados pelas sociedades multiculturais, isto é, serve para identificar as diferentes perspectivas de respostas a essas situações.

Esse autor chama atenção para o fato de que essa categoria é geralmente utilizada no singular, podendo induzir ao entendimento de que seria uma doutrina única, uma estratégia política ou ainda um estado de coisas acabado. Contudo, do mesmo modo que há distintas sociedades multiculturais (como os Estados Unidos, a Grã-Bretanha, a França, a África do Sul, entre outras), também há multiculturalismos diversos, como veremos a seguir.

(10.2)
Sociedades multiculturais

Como constata Canclini (2007), no Ocidente cada nação encontrou uma maneira diversa de lidar com a multiculturalidade para tentar resolver suas diferenças internas. Tais fórmulas-chave empregadas em cada país não têm equivalentes em outras culturas ou têm um significado diferente. Alguns dos indícios dessa diversidade incomensurável a que se refere o autor podem ser visualizados na tradução do inglês que os franceses fazem do termo *ação afirmativa*, empregando para tal a categoria *discriminação positiva*, na inexistência da palavra *mestiço* na língua inglesa e na pouca relevância das identidades com hífen (ítalo-americano, afro-americano etc.) nos países latino-americanos.

A França, assim como outros países europeus, subordinou suas diferenças internas à ideia laica de república. As leis deste país se referem ao indivíduo como cidadão universal, ligado ao Estado-nação e independente de qualquer privilégio que pudesse se originar de sua religião, etnia ou sexo. No tempo de bem-estar, havia um compromisso histórico entre os diferentes grupos que garantia a todos, enquanto cidadãos franceses, o acesso aos bens essenciais e a seguridade social. *A priori*, os comportamentos advindos dessas diferenças poderiam, por lei, ser manifestados na vida privada, mas não concederiam benefícios adicionais. Desse modo, o direito dessa nação não previa recursos para corrigir discriminações ou desigualdades resultantes do pertencimento a grupos nem como compensação por injustiças do passado.

A abertura das fronteiras para a unificação política e econômica europeia, assim como o intenso fluxo de imigrantes europeus, africanos e latino-americanos colocaram em xeque os modos de pensar o nacional, o regional e o universal. Apesar de existirem leis que condenam a discriminação, intensifica-se a segregação residencial e escolar e as ações discriminatórias na vida cotidiana que produzem dúvidas sobre as pretensões igualitárias e integradoras. Em resumo, como a França não tinha leis segregacionistas em relação aos nacionais, tais como aquelas que existiam nos Estados Unidos, não seria o caso de se falar em ações afirmativas, mas de DISCRIMINAÇÃO POSITIVA, porque esse termo se refere à produção de condições de cidadania que não tem mais como referência a questão da nacionalidade, mas as das especificidades culturais de grupos originários de outros países.

Já os EUA separaram as etnias em bairros e, até mesmo, em cidades diferentes. Nesse país, as identidades tendem a se essencializar, ao passo que a heterogeneidade multicultural é concebida como separatismo e dispersão entre grupos étnicos, para os quais o pertencimento comunitário se tornou a principal garantia dos direitos individuais. Cada cidadão norte-americano é levado a pensar e agir como membro de uma minoria para que, desse modo, possa ter o direito de afirmar sua diferença na língua, nas cotas de empregos, nos serviços públicos, nas universidades e nas agências governamentais.

O mecanismo empregado para corrigir e compensar as formas institucionalizadas de discriminação que resultavam em desigualdades crônicas – a ação afirmativa – fez com que o grupo a que o indivíduo pertence por nascimento, pelo peso da biologia e história, predominasse sobre os grupos por escolha e sobre as mesclas, ou seja, a mestiçagem.

As nações latino-americanas aderiram ao modelo europeu de Estado-nação do século XIX, mas deram-lhe contornos distintos. O extermínio de negros e índios coexistiu com políticas de mestiçagem e com o reconhecimento desigual da cidadania desses grupos, que chegou à exaltação simbólica do seu patrimônio, como é o caso do indigenismo mexicano. Concomitantemente à implementação de políticas e atitudes cotidianas discriminadoras, existe em amplos setores uma valoração positiva das mesclas, da mestiçagem, como promotora da modernização e da criatividade cultural.

Utilizando o exemplo da Grã-Bretanha, Hall (2003) mostra como o fluxo de migrantes caribenhos, asiáticos e africanos, entre o fim da Segunda Guerra Mundial até a década de 1970, gerou questionamentos sobre que tipo de comunidades esses indivíduos formam – etnias ou raças –, se suas culturas são unificadas e homogêneas, qual seria sua relação com a sociedade britânica majoritária e quais as estratégias mais adequadas para sua plena integração à sociedade nacional. Em decorrência disso, a linguagem de raça e etnia que serviu de base para a identidade britânica até então foi perturbada; a ideia de uma cultura "pura" foi desestabilizada, assim como as fundações do estado constitucional liberal. Agora que já conhecemos algumas sociedades multiculturais, vamos falar sobre os diversos tipos de multiculturalismo.

(10.3)
Tipos de multiculturalismo

De acordo com Hall (2003), o MULTICULTURALISMO CONSERVADOR insiste na assimilação da diferença de tradições e costumes da maioria, enquanto o LIBERAL busca integrar os diferentes grupos culturais o mais rápido possível à sociedade majoritária, baseando-se numa cidadania individual universal e tolerando certas práticas culturais específicas apenas no domínio privado.

Para esse autor, o MULTICULTURALISMO PLURALISTA aprova diferenças grupais em termos culturais e concede direitos coletivos distintos a diferentes comunidades dentro de uma ordem política comunitária, ao passo que o COMERCIAL pressupõe que os problemas de diferença cultural serão resolvidos no consumo privado, sem a necessidade de redistribuição de poder e recursos se a diversidade dos indivíduos de distintas comunidades for reconhecida publicamente.

Ainda segundo Hall (2003), o MULTICULTURALISMO CORPORATIVO busca administrar as diferenças culturais das minorias tendo em conta os interesses do centro, enquanto o CRÍTICO OU REVOLUCIONÁRIO foca o poder, o privilégio, a hierarquia das opressões e os movimentos de resistência.

Desde a Segunda Guerra Mundial, o multiculturalismo tem se alterado e se intensificado. Isso se deve a uma série de mudanças, tais como a extinção do velho sistema imperial europeu e das lutas pela descolonização e independência nacional e o fim da Guerra Fria.

Outro fator relevante nesse processo é a globalização. Juntamente com suas tendências homogeneizantes, existe a proliferação subalterna da diferença. Em outras palavras, simultaneamente aos fluxos homogeneizantes, que apontam para a direção de um tipo de americanização da cultura global, observamos a emergência de modernidades vernáculas, locais, modos específicos de lidar e se apropriar da modernidade que os avançados meios de comunicação e transportes trazem até os mais distantes recantos do planeta.

Além disso, o fluxo de pessoas, que configura os diferentes tipos de migrações, trouxe as margens para o centro, o particular multicultural disseminado para os centros das metrópoles ocidentais. Esse aparecimento extemporâneo do diverso nas grandes cidades do Ocidente é o que configura o foco da questão multicultural.

A pedagoga Vera Maria Ferrão Candau (2002) chama a atenção para o fato de a globalização e o multiculturalismo serem apresentados como movimentos com lógicas contrapostas. Enquanto o primeiro reforçaria a padronização, o segundo reafirmaria as particularidades culturais e as diferenças. Contudo, não podemos tomar as relações entre essas dinâmicas de modo simplista e reducionista, já que a globalização, ao aproximar virtual ou fisicamente diversos grupos, também evidencia a diversidade cultural do mundo e aponta para a necessidade de diálogo entre as diferentes civilizações. Desse modo, é mais produtivo encarar a globalização como uma complexa rede de projetos de sociedade e de diversidade de interesses que se refletem nas disputas das representações ideológicas, políticas e culturais que estão em curso na atualidade (Canclini, 2007).

(10.4) Interculturalidade e hibridização

Apesar de alguns autores tomarem o multiculturalismo e a interculturalidade como sinônimos, eles se referem a questões de ordens distintas, ainda que intimamente imbricadas. Enquanto na perspectiva multicultural a ênfase está na busca do reconhecimento identitário das minorias étnicas em luta contra os processos de submissão a que foram sujeitados historicamente, a miragem da interculturalidade enfatiza a relação entre sujeitos culturais diferentes (Fleuri, 2003).

Os estudos sobre a convivência intercultural – como aqueles que se debruçam sobre as experiências dos imigrantes – demonstram a existência de muitos estereótipos nas relações entre sujeitos culturais diferentes, o que reafirma a importância de reconhecermos diferentes tradições, pertencimentos e identidades. Entretanto, não podemos perder de vista que tais categorias não são realidades homogêneas, mas, sim, espaços de trocas, de recursos para a ação, de narrativas compartilhadas, contestadas e negociadas.

Dito de outro modo, aqueles aspectos de nossas identidades culturais – sejam elas étnicas, raciais, linguísticas, religiosas ou nacionais – sofrem permanentes deslocamentos ou descontinuidades, conforme as relações sociais e os contextos históricos em que estamos inseridos. Se considerarmos as relações entre culturas diferentes tão somente a partir de uma lógica binária, como índio *versus* branco ou centro *versus* periferia, não conseguiremos compreender a complexidade dos agentes e das relações subentendidas em cada polo nem a pluralidade e a variabilidade dos significados produzidos nessas relações.

Não podemos supor que os sentidos elaborados por um sujeito social sejam determinados exclusivamente pela referência cultural de outro indivíduo, pois dessa forma estaríamos desconsiderando a ambivalência e a reciprocidade das relações sociais, a capacidade de agir dos diferentes sujeitos sociais e o hibridismo das identidades. Vamos nos deter um pouco mais agora sobre este último aspecto.

Os produtos resultantes do contato entre grupos culturais distintos são denominados pelo termo *hibridização*, que serve para designar as misturas interculturais modernas, tais como aquelas geradas pelas integrações dos Estados nacionais e as indústrias culturais. Nesse caso, não estaríamos nos referindo apenas a fusões étnico-raciais e religiosas, geralmente chamadas de *mestiçagem* ou *sincretismo*, mas também a misturas contemporâneas do artesanal com o industrial, do erudito com o popular e do escrito com o visual. Abarcar-se-ia, desse modo, as combinações de elementos étnicos e religiosos e as mesclas de produtos de tecnologias avançadas e processos sociais modernos ou pós-modernos (Canclini, 2006).

Dessa forma, nos processos de hibridização, referências discursivas dominantes podem ser reapropriadas e traduzidas com novos sentidos, em decorrência das interações com outras culturas. Um exemplo disso são os monumentos históricos, que, apesar de se referirem a heróis e eventos construídos pelos discursos dominantes sobre a nação, são reapropriados por grupos culturais discriminados e usados como ponto de encontro para manifestações políticas de afirmação identitária e demandas por direitos (Canen; Oliveira, 2002).

De acordo com Canclini (2007), a interculturalidade globalizada pôs em interação os modos clássicos com que cada nação acomodava suas diferenças, tornando, em alguns casos, o conflito inevitável. Temos, por um lado, os movimentos globalizadores, que trazem a secularização e o relativismo intelectual que ampliam a nossa capacidade de entender e aceitar o diferente. Noutro sentido, quando tais fluxos consistem numa convivência próxima de muitos modos de vida, sem artefatos intelectuais e políticos que viabilizem a sua coexistência, somos levados ao fundamentalismo, à exclusão, à intensificação do racismo, multiplicando-se os riscos de limpezas étnicas ou nacionais.

Além disso, como constata Maria Beatriz Rodrigues (2007), as dificuldades de convivência não se restringem às tradições e costumes, mas com grande frequência implicam mudanças legislativas e institucionais. Sendo assim, a interculturalidade não é apenas uma questão de solidariedade, mas implica também a revisão de princípios de vida coletiva que são bastante difíceis de equacionar. As reivindicações das minorias colocam em jogo a capacidade estrutural dos Estados nacionais para acolher, ao mesmo em tempo que desafiam a vontade de mudar estilos de vida. Esse campo de conflito fomenta a reafirmação de identidades, as delimitações de espaços, e também as demonstrações de força na convivência intercultural.

Como nos lembra Canclini (2007, p. 114-115): "por mais que se forme um mercado mundial das finanças, de alguns bens e recursos midiáticos, por mais que o inglês se consolide como 'língua universal', as diferenças persistem, e a traduzibilidade entre as culturas é limitada". Desse modo, a globalização não dissolve as diferenças, mas as torna combináveis.

(.)
Ponto final

Vimos, neste capítulo, que o termo *multicultural* tem sido empregado para indicar uma realidade de convivência entre diferentes grupos culturais num mesmo contexto social, enquanto MULTICULTURALISMO se refere às estratégias e políticas adotadas para governar ou administrar problemas de diversidade e multiplicidade gerados pelas sociedades multiculturais. Ou seja, ele serve para identificar as diferentes perspectivas de respostas a essas situações.

Por meio de exemplos e tipificações, mostramos que existem diferentes sociedades multiculturais e multiculturalismos. Também tratamos da interculturalidade, que é tomada por alguns autores como sinônimo de multicultural, apontando as diferenças conceituais entre os termos. Como aprendemos, é a ênfase na relação entre sujeitos culturais diferentes que caracteriza a interculturalidade. Embora tais relações possam estar permeadas de estereótipos em relação ao "outro", apontamos para o caráter híbrido das identidades na contemporaneidade. Por fim, atentamos para o fato de que as tendências homogeneizantes da globalização não eliminam as diferenças, mas possibilitam novas combinações e impõem grandes desafios para a convivência com a diversidade cultural.

Indicação cultural

CANEN, Ana; OLIVEIRA, Angela M. A. de. Multiculturalismo e currículo em ação: um estudo de caso. *Revista Brasileira de Educação*, Rio de Janeiro, n. 21, p. 61-74, dez. 2002. Disponível em: <http://www.scielo.br/scielo.php?script=sci_arttext&pid=S1413-24782002000300006&lng=pt&nrm=iso>. Acesso em: 7 out. 2008.

Esse texto apresenta os resultados de uma pesquisa sobre experiências educacionais multiculturais voltadas para identidades marginalizadas, como negros, homossexuais, indígenas, crianças de rua, entre outros.

Atividades

1. O termo *multicultural* indica:
   a. uma realidade de convivência entre diferentes grupos culturais num mesmo contexto social.
   b. uma realidade de segregação de um grupo cultural num dado contexto social.
   c. uma realidade de conflito entre diferentes grupos culturais num mesmo contexto social.
   d. uma realidade de harmonia entre grupos culturais em contextos sociais distintos.

2. O termo *multiculturalismo* se refere:
   a. às políticas de afirmação da identidade nacional em detrimento das identidades étnicas.

b. aos diferentes processos de homogeneização cultural.
c. às diferentes perspectivas de respostas às situações que as sociedades multiculturais enfrentam.
d. às sociedades que apresentam pouca diferenciação cultural interna.

3. A INTERCULTURALIDADE diz respeito:
a. às relações entre sujeitos que pertencem a uma mesma cultura.
b. às relações entre sujeitos culturais diferentes.
c. às relações entre os agentes do campo das artes.
d. às relações entre homens e mulheres.

Referências

ABREU, Regina. A emergência do patrimônio genético e a nova configuração do campo do patrimônio. In: ABREU, Regina; CHAGAS, Mário (Org.). *Memória e patrimônio*: ensaios contemporâneos. Rio de Janeiro: DP&A, 2003. p. 30-45.

ADORNO, Theodor W.; HORKHEIMER, Max. *Dialética do esclarecimento*. Rio de Janeiro: J. Zahar, 1985.

ANDERSON, Benedict. *Nação e consciência nacional*. São Paulo: Ática, 1989.

ANICO, Marta. A pós-modernização da cultura: patrimônio e museus na contemporaneidade. *Horizontes Antropológicos*, Porto Alegre, v. 11, n. 23, p. 71-86, jan./jun. 2005.

APPADURAI, Arjun. Disjuncture and Difference in the Global Cultural Economy. In: FEATHERSTONE, Mike (Org.). *Global Culture*. Londres: Sage Publications, 1990.

ASSIS, Gláucia de Oliveira. Estar aqui... estar lá...: uma cartografia da emigração valadarense para os Estados Unidos. In: REIS, Rossana Rocha; SALES, Teresa (Org.). *Cenas do Brasil migrante*. São Paulo: Boitempo, 1999. p. 17-44.

_____. *Os novos fluxos da população brasileira e os rearranjos familiares e de gênero*. Petrópolis: Anpocs, 2000.

AZIZE, Rogério Lopes. Saúde e estilo de vida: divulgação e consumo de medicamentos em classes médias urbanas. In: LEITÃO, Débora Krishke; LIMA, Diana Nogueira de Oliveira; MACHADO, Rosana Pinheiro (Org.). *Antropologia e consumo*: um debate entre Brasil e Argentina. Porto Alegre: AGE, 2006. p. 119-137.

BARTH, Fredrik. A análise da cultura nas sociedades complexas. In: LASK, Tomke (Org.). *O guru, o iniciador e outras variações antropológicas*. Rio de Janeiro: Contracapa, 2000.

_____. Temáticas permanentes e emergentes na análise da etnicidade. In: VERMEULEN, Hans; GOVERS, Cora (Org.). *Antropologia da etnicidade para além de "ethnic groups and boundaries"*. Lisboa: Fim de Século, 2003. p. 18-44.

BAUMAN, Zygmunt. *Globalização*: as consequências humanas. Rio de Janeiro: J. Zahar, 1999.

BORELLI, Silvia Helena Simões; FREIRE FILHO, João (Org.). *Culturas juvenis no século XXI*. São Paulo: Educ, 2008.

BOURDIEU, Pierre. *A distinção*: crítica social do julgamento. Porto Alegre: Zouk; São Paulo: Edusp, 2007.

BRUM, Ceres Karam. Esta terra tem dono. Disputas e representações sobre passado missioneiro no Rio Grande do Sul: a figura de Sepé Tiarajú. *Cadernos IHU Ideias*, Ano 4, n. 46, p. 1-26, 2006.

CAGGIANO, Sergio; MAGALHÃES, Nara. Processos imaginários de vivência das diferenças diante e através da televisão. In: REUNIÃO BRASILEIRA DE ANTROPOLOGIA, 26., Porto Seguro, jun. 2008. Disponível em: <http://201.48.149.88/abant/arquivos/24_5_2008_17_22_33.pdf>. Acesso em: 10 nov. 2008.

CAMPBELL, Colin. Como se explica a revolução do consumidor na Inglaterra do século XVIII. In: CAMPBELL, Colin. *A ética romântica e o espírito do consumismo moderno*. Rio de Janeiro: Rocco, 2001.

CANCLINI, Nestor Garcia. *A globalização imaginada*. São Paulo: Iluminuras, 2007.

_____. *Consumidores e cidadãos*. Rio de Janeiro: Ed. da UFRJ, 1999.

_____. *Culturas híbridas*. São Paulo: Edusp, 2006.

CANDAU, Vera Maria Ferrão. Sociedade, cotidiano escolar e cultura de aproximação. *Educação e Sociedade*, Campinas, v. 23, n. 79, p. 125-161, ago. 2002.

CANEN, Ana; OLIVEIRA, Ângela M. A. Multiculturalismo e currículo em ação: um estudo de caso. *Revista Brasileira de Educação*. Rio de Janeiro, n. 21, p. 61-74, 2002.

CARDOSO, Marcos A. *O movimento negro em Belo Horizonte*: 1978-1998. Dissertação (Mestrado em História) — Programa de Pós-Graduação em História, Universidade Federal de Minas Gerais, Belo Horizonte, 2001.

CARVALHO, José Jorge de. *Inclusão étnica e racial no Brasil*: a questão das cotas no ensino superior. São Paulo: Attar, 2005.

CASTELLS, Manuel. *A sociedade em rede*. Rio de Janeiro: Paz e Terra, 2000.

CASTLES, Stephen; DAVIDSON, Alastair. *Citizenship and Migration*: Globalization and the Politics of Belonging. New York: Routledge, 2000.

CHAZAN, Lilian K. Fotógrafo de interiores: o consumo de imagens fetais e a produção do prazer de ver. In: LEITÃO, Débora Krischke; LIMA, Diana Nogueira de Oliveira; MACHADO, Rosana Pinheiro (Org.). *Antropologia e consumo*: diálogos entre Brasil e Argentina. Porto Alegre: AGE, 2006. p. 101-118.

COELHO, Teixeira. *O que é indústria cultural*. São Paulo: Brasiliense, 2003.

DOUGLAS, Mary; ISHERWOOD, Baron. *Os mundos dos bens*: para uma antropologia do consumo. Rio de Janeiro: Ed. da Uerj, 2004.

DURKHEIM, Émile. *As formas elementares da vida religiosa*. São Paulo: M. Fontes, 1996.

ETCHEVERRY, Daniel. *Identidade não é documento*: narrativas de ruptura e continuidade nas migrações contemporâneas. Dissertação (Mestrado em Antropologia Social) – Universidade Federal do Rio Grande do Sul, Porto Alegre, 2007.

FISCHER, Rosa Maria Bueno. Mídias, máquinas de imagens e práticas pedagógicas. *Revista Brasileira de Educação*, Rio de Janeiro, v. 12, n. 35, p. 83-94, maio/ago. 2007. Disponível em: <http://www.scielo.br/scielo.php?script=sci_arttext&pid=S1413-24782007000200009>. Acesso em: 9 out. 2008.

FLEISCHER, Soraya. *Passando a América a limpo*: o trabalho de housecleaners brasileiras em Boston, Massachussets. São Paulo: Annablume, 2002.

FLEURI, Reinaldo Matias. Intercultura e educação. *Revista Brasileira de Educação*. Rio de Janeiro, n. 23, p. 16-35, maio/ago. 2003.

FONSECA, Maria Cecília Londres. Para além da "pedra e cal": por uma concepção ampla de patrimônio. *Revista Tempo Brasileiro*. Rio de Janeiro, n. 147, 2001.

_____. Referências culturais: base para novas políticas de patrimônio. In: BRASIL. Ministério da Cultura. Instituto do Patrimônio Histórico e Artístico Nacional. *Inventário Nacional de Referências Culturais*. Manual de aplicação. Brasília, 2000.

FOUCAULT, Michel. *Seguridad, território, población*. Buenos Aires: Fondo de Cultura Económica, 2006.

FUSCO, Wilson. Redes sociais na migração internacional: o caso de Governador Valadares. *Textos Nepo*. Campinas, n. 40, mar. 2002. Disponível em: <http://www.nepo.unicamp.br/textos_publish/publicacoes%5Ctextos_nepo%5Ctextos_nepo_40.pdf>. Acesso em: 9 out. 2008.

GEERTZ, Clifford. *A interpretação das culturas*. Rio de Janeiro: Zahar, 1978.
____. *Nova luz sobre a antropologia*. Rio de Janeiro: J. Zahar, 2001.
GIDDENS, Anthony. *Mundo em descontrole*: o que a globalização está fazendo de nós. Rio de Janeiro: Record, 2000.
____. *Para além da esquerda e da direita*. São Paulo: Ed. da Unesp, 1996.
GOHN, Maria da Glória. *Teoria dos movimentos sociais*: paradigmas clássicos e contemporâneos. São Paulo: Edições Loyola, 2002.
GUIMARÃES, Antônio A. *Racismo e anti-racismo no Brasil*. 2. ed. São Paulo: Ed. 34, 2005.
GONÇALVES, José Reginaldo Santos. Em busca da autenticidade: ideologias culturais e concepções de nação no Brasil. In: VILLA BOAS, Gláucia; GONÇALVES, Marco Antonio (Org.). *O Brasil na virada do século*: o debate dos cientistas sociais. Rio de Janeiro: Relume-Dumará, 1995.
HALL, Stuart. *A identidade cultural na pós-modernidade*. Rio de Janeiro: DP&A, 1998.
____. *Da diáspora*: identidades e mediações culturais. Belo Horizonte: Ed. da UFMG, 2003.
HAMBURGER, Esther. Política e novela. In: BUCCI, Eugênio (Org.). *A TV aos 50*: criticando a televisão brasileira no seu cinquentenário. São Paulo: Perseu Abramo, 2000.
HANNERZ, Ulf. El declive final de la nación. In: HANNERZ, Ulf. *Conexiones transnacionales*: cultura, gente, lugares. Madrid: Frónesis Cátedra, Universitat de València, 2002. p. 135-148.
HASENBALG, Carlos; SILVA, Nelson do Valle e. *Discriminação e desigualdades raciais no Brasil*. Rio de Janeiro: Graal, 1979.
HOBSBAWM, Eric; RANGER, Terence. *A invenção das tradições*. Rio de Janeiro: Paz e Terra, 1997.
HOBSON, Dorothy. Housewives and the mass media. In: HALL, Stuart (Org.). *Culture, media, language*. London: Hutchinson, 1980.
IANNI, Otávio. *A era do globalismo*. Rio de Janeiro: Civilização Brasileira, 1996.
JACKS, Nilda. Repensando os estudos de recepção: dois mapas para orientar o debate. *Revista Ilha*, Dossiê Temático: Mídias em múltiplas perspectivas, 2008. No prelo.
JACKS, Nilda; ESCOSTEGUY, Ana Carolina. *Comunicação e recepção*. São Paulo: Hacker, 2005.
JACKS, Nilda; PIEDRAS, Elisa Reinhardt; VILELA, Rosário Sanchez (Org.). *O que sabemos sobre audiências?* Estudos latino-americanos. Porto Alegre: Armazém Digital, 2006.

JARDIM, Denise Fagundes. Estratégias da imigração em tempos da globalização: os palestinos e suas viagens internacionais. In: JARDIM, Denise Fagundes (Org.). *Cartografias da imigração*: políticas públicas e interculturalidade. Porto Alegre: Ed. da UFRGS, 2007.
____. Os palestinos e as viagens internacionais, ou de como as mulheres voam com seus maridos. In: REUNIÃO BRASILEIRA DE ANTROPOLOGIA, 25., 2006, Goiânia. *Anais*.
____. Palestinos: as redefinições de fronteiras e cidadania. *Horizontes Antropológicos*, Porto Alegre, v. 9, n. 19, p. 223-248, jul. 2003. Disponível em: <http://www.scielo.br/scielo.php?script=sci_arttext&pid=S0104-71832003000100010>. Acesso em: 9 out. 2008.
____. *Palestinos no extremo sul do Brasil*: identidade étnica e os mecanismos sociais de produção de etnicidade. 2001. Tese (Doutorado em Antropologia Social) – Universidade Federal do Rio de Janeiro, Rio de Janeiro, 2001.
KALY, Alain Pascal. *Príncipes/princesas, os sobreviventes da fome na África*: os estudantes africanos no Brasil. Rio de Janeiro: Ed. da UFRJ, 2000.
KAPLAN, E. Ann. *Regarding Television Critical Approaches*: an Anthology. Los Angeles: University Publications of America, the American Film Institute Monograph Series, 1983.
KUPER, Adam. *Cultura*: a visão dos antropólogos. Bauru: Edusc, 2002.
LEAL, Ondina Maria Fachel. *A leitura social da novela das oito*. Petrópolis: Vozes, 1986.
____. Etnografia de audiência: uma discussão metodológica. In: FONSECA, Cláudia (Org.). *Fronteiras da cultura*. Porto Alegre: Editora da UFRGS, 1993. p. 146-152.
LEITÃO, Débora Krischke; LIMA, Diana Nogueira de Oliveira; MACHADO, Rosana Pinheiro (Org.). *Antropologia e consumo*: diálogos entre Brasil e Argentina. Porto Alegre: AGE, 2006.
LEITÃO, Débora Krischke; MACHADO, Rosana Pinheiro. O luxo do povo e o povo do luxo: consumo e valor em diferentes esferas sociais no Brasil. In: LEITÃO, Débora Krischke; LIMA, Diana Nogueira de Oliveira; MACHADO, Rosana Pinheiro (Org.). *Antropologia e consumo*: diálogos entre Brasil e Argentina. Porto Alegre: AGE, 2006. p. 23-46.
LÉVI-STRAUSS, Claude. *L'Identité*. Paris: Puf, 1977.
LIMA, Diana. Antropologia do consumo: a trajetória de um campo em expansão. *BIB – Revista de Informação Bibliográfica em Ciências Sociais*. São Paulo, n. 56, p. 93-108, 2003.

LIPOVETSKY, Gilles. *O império do efêmero*. São Paulo: Companhia das Letras, 1991.

MACIEL, Maria Eunice. *Le gaúcho bresilién identité culturelle dans le sud du Brésil*. Tese (Doutorado), France, Paris V – René Descartes, Sorbonne, 1994.

_____. Tradição e tradicionalismo no Rio Grande do Sul. *Humanas*: Revista do Instituto de Filosofia e Ciências Humanas. Porto Alegre, v. 22, n. 1/2, p. 127-144, 1999.

MAGALHÃES, Nara. *Imagens de recepção da mensagem televisiva*: concepções sobre educação e poder no interior da crítica à televisão. Porto Alegre: IFCH/UFRGS, 2006a. Disponível em: <http://www.ufrgs.br/ppgas/nucleos/naci/documentos/magalhaes_nara-imagens.pdf>. Acesso em: 10 nov. 2008.

_____. Reflexões sobre televisão e a "falta de cultura" no Brasil. *Em questão*. Porto Alegre, v. 12, n. 1, p. 109-129, jan./jun. 2006b.

_____. *Televisão, uma vilã na sociedade contemporânea*: um estudo sobre os modos de ver (a) TV de pessoas pertencentes a grupos de camadas médias. Tese (Doutorado em Antropologia Social) – Universidade Federal de Santa Catarina, Floranópolis, 2004.

MALINOWSKI, Bronislaw. *Os argonautas do pacífico ocidental*. São Paulo: Abril Cultural, 1976.

MANTOVANI, Giuseppe. *Intercultura*: é possibile evitare le guerre culturali? Bologna: Il Mulino, 2004.

MARTÍN-BARBERO, Jesús. *Dos meios às mediações*. Rio de Janeiro: Ed. da UFRJ, 1997.

MARX, Karl. *O capital*: crítica da economia política. Rio de Janeiro: Civilização Brasileira, 1998. v. 1.

MATO, Daniel. Redes transnacionales de actores globales y locales en la producción de representaciones de ideas de sociedad civil. In: MATO, Daniel (Org.). *Políticas de ciudadanía y sociedad civil en tiempos de globalización*. Caracas: faces – Universidad Central de Venezuela, 2004.

MAUSS, Marcel. Ensaio sobre a dádiva: forma e função da troca na sociedade arcaica. In: MAUSS, Marcel. *Sociologia e antropologia*. São Paulo: Cosac Naify, 2003.

MILLER, Daniel. Coca-Cola: a Black Sweet Drink from Trinidad. In: *Material Cultures*: Why Some Things Matter. Chicago:Chicago University Press, 1998.

_____. Consumption as the Vanguard of History. In: Acknowledging Consumption. London: Routledge, 2002.

MIZRAHI, Mylene. Figurino funk: uma etnografia dos elementos estéticos de uma festa carioca. In: LEITÃO, Débora Krischke; LIMA, Diana Nogueira de Oliveira; MACHADO, Rosana Pinheiro (Org.). *Antropologia e consumo*: diálogos entre Brasil e Argentina. Porto Alegre: AGE, 2006.

MOTTA, Lia. A apropriação do patrimônio urbano: do estético-estilístico nacional ao consumo visual global. In: ARANTES, Antonio Augusto (Org.). *O espaço da diferença*. Campinas: Papirus, 2000. p. 256-287.

MUNGOI, Dulce. *O mito Atlântico*: relatando experiências singulares de mobilidade dos estudantes africanos em Porto Alegre no jogo de construção e reconstrução de identidades étnicas. Dissertação (Mestrado em Antropologia Social) – Universidade Federal do Rio Grande do Sul, Porto Alegre, 2006.

OLIVEN, Ruben George. *A parte e o todo*. 2. ed. Rio de Janeiro: Nação, 2006.

_____. Em busca do tempo perdido: o movimento tradicionalista gaúcho. *Revista Brasileira de Ciências Sociais*. São Paulo, v. 6, n. 15, p. 40-52, fev. 1991.

_____. O maior movimento de cultura popular do mundo ocidental: o tradicionalismo gaúcho. *Cadernos de Antropologia*. Porto Alegre, n. 1, 1990.

ONG, Aihwa. *Buddha is Hiding*: Refugees, Citizenship, the New America. Berkeley: University of California Press, 2003.

_____. *Flexible Citizenship*: the Cultural Logics of Transnationality. Durham: Duke University Press, 1999.

ORJUELA, Fernando; RODRÍGUEZ, Martha Liliana Giraldo. Prácticas económicas de migrantes latinoamericanos: el caso de Colombia, República Dominicana y El Salvador. *Migraciones Internacionales*. Tijuana (México), v. 3, n. 4, p. 146-160, 2006. Disponível em: <http://www.colef.mx/migraciones internacionales/Volumenes/Vol3_No4/PracticasEconomicas_Neira.pdf>. Acesso em: 9 out. 2008.

ORTIZ, Renato. Anotações sobre religião e globalização. *Revista Brasileira de Ciências Sociais*. São Paulo, v. 16, n. 47, p. 59-74, 2001. Disponível em: <http://www.scielo.br/scielo.php?pid=S0102-6909 2001000300004&script=sci_arttext>. Acesso em: 7 out. 2008.

_____. *Mundialização e cultura*. São Paulo: Brasiliense, 1994.

_____. *Um outro território*: ensaios sobre a mundialização da cultura. São Paulo: Olho D'Água, 1996.

ORTIZ, Renato; BORELLI, Silvia Helena Simões; RAMOS, José Mário Ortiz. *Telenovela*: história e produção. São Paulo: Brasiliense, 1989.

PACE, Enzo. Religião e globalização. In: ORO, Ari; STEIL, Carlos (Org.). *Globalização e religião*. Petrópolis: Vozes, 1997.

PATARRA, Neide; BAENINGER, Rosana. Migrações internacionais, globalização e blocos de integração econômica: Brasil no Mercosul. In: CONGRESSO DA ASSOCIAÇÃO LATINO-AMERI-CANA DE POPULAÇÃO (ALAP), 1., Anais... Minas Gerais, 2004. Disponível em: <http://www.abep.nepo.unicamp.br/site_eventos_alap/PDF/ALAP 2004_244.PDF>. Acesso em: 9 out. 2008.

PEDRO, Verônica T. *Identidades traduzidas num mundo globalizado*: os estudantes "africanos" em Florianópolis. Dissertação (Mestrado em Antropologia Social) – Universidade Federal de Santa Catarina, Florianópolis, 2000.

PIERUCCI, Antônio Flávio. *O desencantamento do mundo*: todos os passos do conceito em Max Weber. São Paulo: Ed. 34; Programa de Pós-Graduação em Sociologia da USP, 2003.

_____. Secularização em Max Weber: da contemporânea serventia de voltarmos a acessar aquele velho sentido. *Revista Brasileira de Ciências Sociais*. São Paulo, v. 13, n. 37, p. 43-73, jun. 1998.

PORTELLI, Hugues. O conceito de hegemonia em Gramsci. In: CARDOSO, Fernando Henrique; MARTINS, Carlos Estevam. *Política e sociedade*. São Paulo: Nacional, 1983, v. 1. p. 71-78.

PORTES, Alejandro. Inmigración y metrópolis: reflexiones acerca de la historia urbana. *Migraciones internacionales*, v. 1, n. 1, p. 111-134, jul./dic. 2001. Disponível em: <http://www.colef.mx/migracionesinternacionales/Volumenes/vol1_num1/inmigracion_y_metropolis.htm>. Acesso em: 8 out. 2008.

_____. La mondialisation par le bas. *Actes de la recherche en sciences sociales*, n. 129, p. 15-25, 1999. Disponível em: <http://www.persee.fr/web/revues/home/prescript/article/arss_0335-5322_1999_num_129_1_3300?_Prescripts_Search_isPortletOuvrage=false>. Acesso em: 8 out. 2008.

PORTES, Alejandro; ESCOBAR, Cristina; RADFORD, Alexandria. Organizaciones transnacionales de inmigrantes y desarrollo: un estudio comparativo. *Migración y desarrollo*, n. 6, p. 3-44, 1996. Disponível em: <http://www.hegoa.ehu.es/dossierra/migracion/Portes-2006=transnacional=EEUU-AmLat.pdf>. Acesso em: 8 out. 2008.

RAMOS, José Mário Ortiz. Cultura popular de massa e a questão do pós-moderno. In: FONSECA, Cláudia (Org.). *Fronteiras da cultura*. Porto Alegre: Ed. da UFRGS, 1993. p. 166-174.

RIBEIRO, Gustavo Lins. *Cultura e política no mundo contemporâneo*. Brasília: Ed. da UnB, 2000a.

_____. Política cibercultural: ativismo político a distância na comunidade transnacional imaginada-virtual. In: ALVAREZ, Sonia; DAGNINO, Evelina; ESCOBAR, Arturo (Org.). *Cultura e política nos movimentos sociais latino-americanos*. Belo Horizonte: Ed. da UFMG, 2000b.

RODRIGUES, Maria Beatriz. Interculturalidade: por uma genealogia da discriminação. *Psicologia & Sociedade*, v. 19, n. 3, p. 55-61, 2007. Disponível em: <http://www6.ufrgs.br/seerpsicsoc/ojs/include/getdoc.php?id=1826&article=34 2&mode=pdf>. Acesso em: 10 out. 2008.

SAHLINS, Marshall. *Cultura e razão prática*. Rio de Janeiro: J. Zahar, 2003.

_____. Dos o tres cosas que sé acerca del concepto de cultura. *Revista Colombiana de Antropologia*. Bogotá, v. 37, enero/dic. 2001.

_____. *Ilhas de história*. Rio de Janeiro: Jorge Zahar, 1990.

_____. O "pessimismo sentimental" e a experiência etnográfica: porque a cultura não é um "objeto" em via de extinção (parte II). *Mana*. Rio de Janeiro, n. 3, p. 103-150, 1997.

SALES, Teresa. *Brasileiros longe de casa*. São Paulo: Cortez, 1999.

SANT'ANNA, Márcia. Patrimônio imaterial: do conceito ao problema da proteção. *Revista Tempo Brasileiro*. Rio de Janeiro, n. 147, p. 151-161, out./dez. 2001.

_____. Os processos da globalização. Disponível em: <http://www.eurozine.com/articles/2002-08-22-santos-pt.html>. Acesso em: 8 out. 2008.

_____. *Pela mão de Alice*: o social e o político na pós-modernidade. Porto: Afrontamento, 1994

SANTOS, Boaventura de Sousa (Org.). *Globalização*: fatalidade ou utopia? Porto: Afrontamento, 2001. p. 31-109.

SANTOS, Marcio André de Oliveira. *A persistência política dos movimentos negros brasileiros*: processo de mobilização à 3ª Conferência Mundial das Nações Unidas contra o Racismo. Rio de Janeiro. Dissertação (Mestrado em Ciências Sociais) – Universidade Estadual do Rio de Janeiro, Rio de Janeiro, 2005a.

SANTOS, Marcio Martins dos. *Tribunos do povo, servos de Deus*: um estudo antropológico sobre políticos e religião na cidade de Porto Alegre. Dissertação (Mestrado em Antropologia Social) – Programa de Pós-Graduação em Antropologia Social, Universidade Federal do Rio Grande do Sul, Porto Alegre, 2005b.

SASSEN, Saskia. *Migrações e globalizações*. In: FORO SOCIAL MUNDIAL DE LAS MIGRACIONES, 2006, Rivas-Vaciamadrid, 22-24 jun. 2006. Disponível em: <http://www.youtube.com/watch?v=k4M2JT4tsSk>. Acesso em: 8 out. 2008. Palestra proferida.

_____. Será este o caminho? Como lidar com a imigração na era da globalização. *Revista Crítica de Ciências Sociais*, n. 64, p. 41-54, dez. 2002. Disponível em: <http://www.ces.uc.pt/publicacoes/rccs/artigos/64/RCCS64-041-054-Saskia Sassen.pdf>. Acesso em: 8 out. 2008.

SAYAD, Abdelmalek. *A imigração ou os paradoxos da alteridade*. São Paulo: Edusp, 1998.

SEYFERTH, Giralda. Assimilação dos imigrantes no Brasil: inconstâncias de um conceito problemático. *Travessia*. São Paulo, n. 36, p. 44-50, jan./abr. 2004.

_____. Imigração e nacionalismo: o discurso da exclusão e a política imigratória no Brasil. In: CASTRO, Mary Garcia (Org.). *Migrações internacionais*: contribuições para políticas. Brasília: CNPD, 2001. p. 137-150.

TARRIUS, Alain. Leer, describir, interpretar las circulaciones migratórias: conveniencia de la noción de "territorio circulatorio". Los nuevos hábitos de la identidad. *Relaciones*. Zamora (México), v. 21, n. 83, p. 37-66, 2000. Disponível em: <http://redalyc.uaemex.mx/redalyc/pdf/137/13708303.pdf>. Acesso em: 9 out. 2008.

TRPIN, Verônica. *Aprender a ser chilenos*: identidad, trabajo y residencia de migrantes en el Alto Valle de Río Negro. Buenos Aires: Antropofagia, 2004.

UNESCO – Organização das Nações Unidas para a Educação, a Ciência e a Cultura. Disponível em: <http://www.brasilia.unesco.org/unesco>. Acesso em: 10 out. 2008.

VELHO, Gilberto. *Projeto e metamorfose*: antropologia das sociedades complexas. Rio de Janeiro: J. Zahar, 1999.

VERTOVEC, Steven. Conceiving and Researching Transnationalism. *Ethnic and Racial Studies*. v. 22, n. 2, p. 447-462, 1999.

WEBER, Max. *A ética protestante e o espírito do capitalismo*. São Paulo: Pioneira, 1985.

ZAAR, Mirian. A migração rural no oeste paranaense/Brasil: a trajetória dos "brasiguaios". *Scripta Nova*. n. 94, ago. 2001. Disponível em: <http://www.ub.es/geocrit/sn-94-88.htm>. Acesso em: 9 out. 2008.

Gabarito

Capítulo 1
1. c
2. b
3. d

Capítulo 2
1. b
2. a
3. a

Capítulo 3
1. b
2. c
3. d

Capítulo 4
1. c
2. d
3. b

Capítulo 5
1. b
2. c
3. d

Capítulo 6
1. c
2. a
3. d

Capítulo 7
1. c
2. a
3. c

Capítulo 8
1. c
2. b
3. a

Capítulo 9
1. b
2. a
3. b

Capítulo 10
1. a
2. c
3. b

Os papéis utilizados neste livro, certificados por instituições ambientais competentes, são recicláveis, provenientes de fontes renováveis e, portanto, um meio **respons**ável e natural de informação e conhecimento.

FSC
www.fsc.org
MISTO
Papel produzido a partir de fontes responsáveis
FSC® C103535

Impressão: Reproset
Março/2023